第**4**版

陪孩子走过
高中三年

一起吃『苦』的幸福

刘称莲 —— 著

北京联合出版公司
Beijing United Publishing Co.,Ltd.

图书在版编目（CIP）数据

陪孩子走过高中三年 / 刘称莲著. -- 4 版. -- 北京：北京联合出版公司, 2025. 8. -- ISBN 978-7-5596-7774-7

Ⅰ . G78

中国国家版本馆 CIP 数据核字第 20241YP272 号

陪孩子走过高中三年（第 4 版）

作　　者：刘称莲
出 品 人：赵红仕
选题策划：先后出版
策划编辑：朱　笛
责任编辑：肖　桓
特约编辑：李慧佳
封面绘图：Dola Sun
装帧设计：熊　琼

北京联合出版公司出版
（北京市西城区德外大街83号楼9层　100088）
嘉业印刷（天津）有限公司印刷　　新华书店经销
字数 166千字　　880毫米 × 1230毫米　　1/32　　9.25印张
2025年8月第1版　　2025年8月第1次印刷
ISBN 978-7-5596-7774-7
定价：49.80元

目
录

01

学习

做孩子 登顶阶段的得力助手

高中阶段,
大多数家长已经不能具体指导孩子的功课了,
却依然可以在孩子需要的时候及时站出来,
只不过家长的角色应该由原来的教导者、指引者,
变为服务者、助手。

02

心
理

做孩子
心灵花园的好园丁

处于青春期的高中孩子，
因为自身成长和学习环境等压力，情绪会反复无常。
家长想办法缓解孩子的压力或者疏导孩子的情绪，
做孩子心灵花园的好园丁，不断"浇水""施肥"，
对孩子顺利度过高中阶段帮助非常大。

03

交往

给孩子上好／情商教育这堂课

一个人要想在社会上表现得好，
既要依靠学识和专业技能，也要依靠社交能力。
许多时候，后者的作用更加重要。
高中孩子马上要走向社会，
对社交能力的培养刻不容缓。

04

生
活

做孩子
走向独立的教练员

一个孩子的生活品德不高，就算他学习成绩再好，
也不能算是好孩子。
高中阶段可以说是孩子远行的准备阶段，
父母有必要让孩子学会生活的技能，
这对孩子离开父母后的自立自强非常重要。

05

备　考

和孩子／一起进入冲刺阶段

模拟考试、报志愿、高考、复读、留学……
每一个环节都是对孩子的一次考验。
高中三年最后的备考是孩子即将踏上征程时，
对心理、毅力、抉择能力等的一次演练，
这时家长的帮助和引导会让孩子一生受益。

序

　　《陪孩子走过高中三年》是"陪伴教育"系列图书中的第一本，出版以后受到了全国家长朋友的欢迎，很多学校的校长和老师看了书以后，也推荐家长团购。最让我欣慰的是，家长朋友们给了我这样的反馈："看了刘老师的书以后觉得不再焦虑。"是啊，焦虑多了，就掩盖了我们陪伴孩子成长的幸福。

　　后来受诸多家长朋友和出版社的力邀，我又先后出版了《陪孩子走过小学六年》和《陪孩子走过初中三年》。令人意想不到的是，三本书都很受读者喜爱。用编辑小朱的话说："出一本畅销书容易，出一本就畅销一本就不容易了。"

　　看到自己写的书畅销，又可以一版再版，我多想把这样的好消息分享给我的爸爸妈妈，可惜他们已经离世。

我的妈妈和爸爸分别于2010年和2012年去世。妈妈离开的时候，《陪孩子走过高中三年》正准备动笔。我没有告诉她我要写书，目不识丁的妈妈一定不会想到她的闺女会出书。2012年春天，爸爸去世前3天，我回去看他，拿着我写的第一本书《陪孩子走过高中三年》。那时候爸爸因为身体衰竭，视力已经非常不好，他翻着我递给他的书问我："闺女，写书能够当饭吃吗？"我告诉他我可以一边做别的工作一边写书，他好像才放心了一些。爸爸到最后也没有看我书里写的是什么内容。

出书以来，来自全国各地的上百万朋友和我联系，我变得异常忙碌。我经常要回答来自邮箱、微博、微信上的提问，要接受来访者的咨询，并受邀奔波在全国各地传播家庭教育的正确理念和我的实践经验。为了可以更好地帮助到大家，我每年也花大量的时间读书、听课，通过不断学习来充实自己。经过这些年，我个人变得越来越清明，专业也越来越精进。可以说，写《陪孩子走过高中三年》的时候，我更多是从一个妈妈的角度分享自己的故事，如今的我则真正变成了一个家庭教育工作者和助人者。

我家兄弟姐妹6个，我在家里排行最小，获得了父母的万千宠爱，也是父母倾力供读大学的唯一的孩子。爸爸去世后，在他的葬礼上，村里一位远房的叔叔告诉我："你妈说你小时候念书的时候，她和你爸每年养一头牛供你，把你供得出息了，到头来也沾不上你的光。"

是啊，父母最需要我的那些年，因为远在千里之外的京城忙碌，我难有大把的时间陪在父母身边尽孝。每次匆匆回去几日，好像也并不能踏实地全心陪伴。每每想起来，内心都有深深的内疚和歉意。如今，我想父母该明白他们辛辛苦苦供养出来的、最疼爱的小女儿，那个当年毅然决然丢掉稳定的工作甘愿漂泊的小女儿，那个被他们称作"不忠不孝"的女儿，她的人生使命不仅仅是承欢父母膝下享受天伦之乐，更要为营造中国广大家庭和谐的教育环境而贡献力量。

女儿的寸草之心永远也报不了父母三春晖般的养育之恩了，也许女儿带着从他们那里继承来的勤奋、善良和谦卑等品格，写出来的这三本著作，可以告慰他们的在天之灵。

感恩我的女儿李若辰，她让我重新体验了一次生命，也让我懂得了什么是爱与可爱；感恩我的先生李岩一路的陪伴，他对我这三本著作的欣赏给了我莫大的支持；感谢编辑朱笛，正是她的邀请和努力推广，才有了这三本书的面世和传播；感谢文字、美术、印刷等各位编排朋友，正是你们才使得这几本书以如此美的面目展示在读者面前；感谢出版社的市场和销售朋友们，没有你们，再好的书也不得为人所知；感谢广大读者朋友的肯定、认可和购买，你们才是我工作前行的动力。感恩生命中给予我指导的老师们，感恩今生所有的相遇！

刘称莲

如何培养出健康、幸福、成功的孩子是家庭最艰巨的挑战之一。若能如愿，家庭成员会获得极大的满足感。

随着时代的发展，养育的情境发生了巨大变化，养育孩子变得更加困难。幸运的是，我们可以从称莲这里获得帮助。

称莲是我多年的学生，她是一位非常有爱的妈妈、老师和朋友。她对人的心理有敏锐的洞察，对家庭动态也有深刻的理解。称莲把自己这些美好的智慧融入了"陪伴教育"系列三本书里，提供了很多实用又明智的方法，以帮助父母们更加有效地陪伴孩子长大。

作为家长，我们首先要让自己做到情绪稳定，内外和谐，才能和他人建立良性的关系，从而教导我们的孩子成为人格健全的人。

称莲跟随我学习的萨提亚模式，在"我是谁"和"我做了什么"之间做了很明确的区分。例如，母亲对儿子说："我爱你，但我不喜欢也不接受你正在做的事情，我们可以一起来改变你的行为。"这样我们就把孩子这个人跟他所做的事区分开了——我们尊重孩子这个人，纠正的是他的行为。称莲在她的书里也写了类似的故事，对家长们很有启发。

如果你正被孩子的心理问题、健康问题、学业问题、人际关系问题所困扰，"陪伴教育"系列就是为你准备的。如果你有兴趣建设健康、幸福、成功的家庭关系，这三本书也非常适合你。

我感谢称莲的宝贵贡献，并祝愿每一位父母在建立和谐的家庭方面取得圆满成功，从而创造一个幸福的社会。

贝曼博士

成长是由一连串笑与泪的瞬间连缀而成的晶莹回忆，妈妈则是我成长中最重要的参与者与见证人。

我和妈妈是一对普通而平凡的母女——即便我在18岁时考上北大，拥有了许多光环；即便妈妈写书出版，成为了畅销书作家。我们拥有普通母女之间的爱与联结，有普通母女之间的矛盾与争吵，也和许许多多的母女一样会在闹翻之后重归于好——像一对吵吵闹闹但是深爱彼此的好姐妹。

我又渐渐意识到，我们似乎也有些不同。在妈妈写"陪伴教育"系列这三本书时，我作为她的首批读者，仿佛跟随着她的文字重新长大了一遍。过往的点滴回忆一幕幕重现眼前，我才突然发现，原来在我成长中的每一个阶段，妈妈都背着我付出了很多努力，才让我拥有了简单纯粹、幸福快乐的童年和少年时光。是因为她很多着意的用心，才让我在不知不觉中长成了现在这个我很喜欢和骄傲的模样。在我心里，我的妈妈是世界上最好的母亲。

《陪孩子走过小学六年》这本书里记录着我们一家人生活在以"教育内卷"闻名的海淀黄庄，却每周末都雷打不动地过"家庭日"、爸爸妈妈骑车载着我到处游玩的故事。春天我们去草里捕虫喂鸟，夏天到河里摸鱼捉虾，秋天收集五彩斑斓的树叶，冬天呢一定少不了一场酣畅淋漓的雪仗和堆一个大大的雪人。那时我身边的朋友几乎所有课余时间都奔波在各个课外班里，而我们这"爱玩"的一家人成了让同学们羡慕、让很多老师和家长头疼的"异类"。但那时的我真的很快乐，像一棵没有束缚、没有压力、自然而然茁壮成长着的小树苗，虽然不是林子里最高的那一棵，却长得茂盛丰盈。

初中的生活要复杂和有挑战得多，我和同龄的伙伴们一起进入了青春期。我记得因为穿着打扮、生活交友和妈妈发生过许多次争吵，最严重的时候我甚至在一通大喊大叫之后离家出走，悄悄躲在小区的绿化带里赌气，让爸妈一通好找。但即便如此，记忆中的妈妈总是会给予我最大的尊重、自由和关爱。她会一边吐槽我一米五的身高订一米八的校服，一边一遍遍地默默洗干净因为太长而在地上拖得脏兮兮的白色校裤；也会一边强烈反对我去做当时非常火爆的离子烫，一边期望理发师用好一点的药水。妈妈能够理解那个半大的小丫头对"合群"的渴望，所以她会在家里经济不富裕的时候，因为我的央求咬牙买下一双很贵的球鞋。那时的我太过迟钝，没有读懂妈妈眼中的犹豫和那句"宝贝，这个有点太贵了"里的为难。可是一个敏感的青春期少女又怎么会完全无感呢？只是那时我的情绪和需求太过强烈，遮住了看向妈妈的眼和心。然而妈妈没有拆穿我的"自私"，就那样默默地守护了我小小的自尊心。

在高中呢，我面临着对一个学生来说最重要的人生大考——高考。在这一阶段，成绩的起起落落是我最大的困扰。从普通初中升到重点高中，刚开始我连作业都写不完，数学连着考了几次三四十分。我在日记里写下了自己的茫然无措和不希望父母失望的心情，开始默默努力，甚至主动找了老师补课，后来成绩终于慢慢稳定提高。我一直以为自己是最大的功臣，可读了《陪孩子走过高中三年》才知道，因为我成绩太差，妈妈曾经被老师单独约谈批评，她却从没有向我表露一丝一毫的责备和失望；而我自认为是被我的聪明才智"折服"才对我格外关照的课外班老师，原来是被妈妈一封封邮件中我的优秀作文所"收买"，才看到了这个理科一塌糊涂的小女孩的灵气；更不要说考砸之后妈妈使出她作为心理咨询师的十八般武艺，让我从沮丧中重燃斗志；以及每一天、每一顿营养可口的饭菜，让我在高三压力很大的情况下依然吃吗吗香（甚至胖了十斤），成长得健康快乐；还有为了满足我看流星的愿望，我们一家人周二晚上连夜坐飞机赶到呼和浩特郊外，再清晨飞回北京上班上学……那本该是最苦最难的三年，却因为这些时刻而变得温暖，成为了我们一家人"一起吃苦的幸福"。

絮絮叨叨写了这么多，总感觉还有很多妈妈和我之间的故事没有讲完，比如从小父母是怎样轮番上阵陪我读书，把我养成了"小书虫"，比如初中时听话懂事的女孩也会早恋，比如高中时一家人关于分科和报志愿的犹豫和纠结。

这些故事都留在书中待大家细细品读。

作为书中的小主人公，我真诚而热切地邀请你翻开我妈妈的这三本书，听她讲述一个平凡的母亲，怎样陪伴一个女孩走过人生中最关键的十二年。

如今，书中的女孩已经三十岁了，而我和妈妈的故事还在继续，她也永远会是我的港湾、我最好的朋友和我的榜样。只不过人生余下的几十年，我希望可以反哺，做个守护她的人。

我的妈妈，我希望她健康快乐。

李若辰

如果我们把"家长"看作一种职业，那么一旦从事这个职业，就终生不能辞职，且要24小时全天候在岗，没有人领导却最不自由，看似没有规则工作却复杂，还充满了不确定性。所以，要想做一个合格的家长，培养出优秀的孩子，就需要不断地学习。

如果"家长"是一种职业，那么"父母"就是工作岗位。结婚后，我和先生还没来得及学习如何做父母，万能的上帝就把女儿送到了我们的身边。毫无思想准备的我们，差不多是无奈地被推到了"父母"这个岗位上。虽然有些手足无措，好在学习一路相伴，边学边做，与女儿一同成长，深深感受着养育儿女的艰辛和快乐。

20世纪90年代初，女儿出生在晋南的一个小县城，那时我在那个县城的一所中学当老师。小县城很封闭，交通不便，信息闭塞，文化条件也差。怀孕的时候，我特别想读一读相关的书籍，却买不到。为此，我和先生特意在一个周末跑到几百里外的市里买了几本书，照着上面写的做胎教。

女儿出生了，先生从报纸上看到当时风靡的"零岁教育方案"，就通过邮购的方式从武汉买回来一套，我们自己为孩子做早教训练。虽然现在从专业的角度来看，那套方案有许多不合理的地方，但我们努力了，也确实从中受益了。

虽然我们百般努力，但是仍然觉得孩子在那样的环境里不利于成长。

非常幸运，女儿两岁多的时候我们把她带到了北京。凭借之前做老师的经历，我进了一家做教育产品的公司，借工作之便，接触到许多经典的教育论著。从此，在教育孩子的过程中，卡尔·威特、蒙台梭利成了我的老师，卢梭更是我的偶像，还有那些苏联的教育家们，我如饥似渴地阅读各类教育书籍，并在实践中尝试。等到女儿大一点，卢勤的书、孙云晓的书……只要是关于少年儿童教育的书籍，都是我阅读的对象。

阅读，让我在教育孩子的过程中少了迷茫，多了理智。于是，在女儿的整个小学阶段，当不少家长都忙于领着孩子去上各种课外辅导班的时候，我们领着女儿到处去玩，践行着卢梭的"自然教育"法则；当许多家长在孩子完成了老师布置的作业之后，再给孩子许多额外的作业时，我任凭女儿做家务，和我们一起玩牌。而且，这样做的时候，我很坦然，不像有些家长，表面上让孩子玩了，心里却十分忐忑，生怕被别的孩子拉出差距。我之所以很"另类"地这么做，是考虑到孩子长远的发展。我很推崇孙云晓老师的那句话："对人一辈子负责的教育是素质教育。"

我不知道如果我不读那些教育著作的话，是不是会人云亦云，走大多数家长走过的路，但是我知道，正是因为读了那么多书，我才可以毫无顾虑地在教育孩子的道路上特立独行，并且收到了不错的效果。

女儿初三了，进入青春期，我突然发现，那些理论的东西已经难以应付她的状况了。就沟通来说，往往我一句话出来，女儿就有十句话等着，道理还一套一套的。而且，母女、父女之间时不时会有升级的战争，亲子关系不像女儿小时候那么融洽了。

于是，当知道"家庭教育指导师"课程开课的消息后，我第一时间报了名，就是冲着"家庭教育指导"几个字去的。听课与阅读的不同之处在于，前者可以亲耳聆听老师们的教诲，并且可以面对面地和老师探讨当下遇到的问题。

课程结束之后，女儿跟我说："妈妈，我发现你变了，变得不像老巫婆了。"因为在之前一次跟女儿的冲突中，女儿说我是"更年期的老巫婆"，把我气得够呛。

女儿上高一后，我又利用业余时间，系统学习了心理学课程。学习的结果，就是明白了：孩子在成长的不同阶段有不同的心理特征，而家长总是以大人的标准要求孩子，把本来不是问题的事情当作问题来处理，因此亲子之间常常会发生冲突。明白了这些道理以后，我再遇到女儿看起来有些"偏差"的言行时，就会尽量站在她的角度考虑问题。自然而然，亲子关系越来越融洽，孩子和大人的情绪也常处于良性状态了。

女儿上高三之前，我参加了一个叫作"走进青春期"的工作坊。这个工作坊的作用非常大，让我们一家平稳地度过了女儿高三艰难的阶段。因为参加了这个工作坊，女儿高三一整年，我心里都非常放松和坦然，虽然偶尔会有焦虑，但是比起周边的"考妈"来要轻松得多。而且在女儿几次情绪出现问题的时候，我都用学到的一些方法帮她调适，让她能够很快恢复状态。2011年我的生日，女儿因为学习紧张没有时间为我挑选礼物，就给我写了几句话，让我很是感慨。她写道："感谢妈妈在我高三的这些日子里对我无微不至的照顾，无论是生活还是心理上的。要不是你操持着一切，我的生活还不知会乱成什么样子，有些坎也不知道能不能过去……"

在她写这些话的前两天，我还用从萨提亚课程里学来的"冰山理论"为她解开了心里的一些结，使她在高考前短短一个多月的时间里，还能制订严密的学习计划，按部就班地完成，并保持最好的状态到最后。

其实我认为，孩子的高三阶段，家长对孩子心理上的调适比生活上的照顾更加重要。毕竟如今的生活水平已经很高了，如果能在心理上对孩子多加关照，就可以让孩子在高三的"高压"环境下保持良好的状态，以最好的心态面对高考。

因为我未雨绸缪，及时参加了一些培训，使得我们全家受益。更让我欣慰的是，我用学到的知识帮助了周围不少需要帮助的朋友。

2011年7月，女儿参加高考，以优异的成绩同时被香港大学和北京大学录取，最终她选择了她非常热爱的北大。一路走来，如果说我的女儿还算优秀的话，那可以说是我和先生不断学习的功劳。

学无止境，在"父母"这个岗位上，我们还有更长的路要走，也还有更多的学习任务要完成。我愿意也乐意坚持不懈地学习，在合格父母的道路上不断进步。

教育孩子是一个系统工程，幼儿园、小学、中学的教育是相辅相成的，本书重点讲述我是如何陪女儿走过高中阶段的，以及我自己这些年的一些家庭教育感悟，希望对年轻的家长有所帮助。

做孩子登顶阶段的得力助手

高中阶段，
大多数家长已经不能具体指导孩子的功课了，
却依然可以在孩子需要的时候及时站出来，
只不过家长的角色应该由原来的教导者、指引者，
变为服务者、助手。

打造一个"书香门第"

孩子都是喜欢读书的，因为他们对这个世界充满了好奇，而阅读正好可以满足他们这一天然的渴望。父母要做的只有两点：一是让孩子有书读，二是让孩子读到书。

女儿从小爱看书，而且阅读的范围很广，这是她知识面丰富、文章写得漂亮的重要原因之一。

升入高中之后，她的功课越来越繁重。每天，各科老师都会留许多作业，她回家吃完饭就得埋头写。高一的时候，因为数理化成绩较差，她每天晚上在这三科上要花费大量的时间，总是把作业做完就到睡觉的时间了，没有一点喘息的机会。为此，她非常烦恼，别说玩，就连自己喜欢的课外书也一本都看不了了。从小到大，她几乎每天都会抽出一些时间看课外书，已经养成了习惯，猛地丢掉这个爱好，她的心里空落落的。而且一段时间不看书，她就感觉笔头生涩，写出来的文章也不那么出彩了。

看女儿苦恼，我也着急。作为家长，我知道课内学习的重要，毕竟我们身处应试教育的大环境里，将来参加高考是不容回避的现实。然而我更知道，死学课本而没有大量课外阅读的孩子，会视野狭窄、理解能力差，而且缺少课外阅读，不仅会影响到语文的学习，对其他各个学科的学习理解也会大打折扣。因此我下定决心，一定要让女儿在学习学校的功课之余多读课外书籍。

于是，我使出了女儿小时候我用来"诱惑"她读书的杀手锏。

女儿是3岁的时候爱上读书的。不过那时候，她都是听我给她读。她上幼儿园的3年里，每天晚上我都给她读书。她倒不挑，只要一看见我拿书，就闹着要我读给她听。所以，那时候她听到的书，有专门为她挑选的寓言童话和动植物故事，也有我和先生看到的一些别的书上的小故事。后来我们戏称这3年是我家的"一千零一夜"。

等女儿上小学后，我和先生觉得她认字了，应该自己读书了。但女儿习惯了听我讲，依然每天缠着我给她读书。后来，我和先生为了让女儿自己读书，就买了一些带有拼音的有趣的小学生读物，还有《米老鼠》等杂志，随意地放在她的写字桌上、床头，或者家里的饭桌和沙发上，目的就是引起她对书的注意，诱惑她去看。

起初，小家伙熟视无睹。慢慢地，在没事的时候她开始翻阅那些散在各处的书了。到后来，无论是坐在沙发上还是床头，她都会拿起书来看，而且看得非常投入，有的时候，饭都做好了或者到了睡觉的时间，她还沉浸在书的世界里。

孩子都是喜欢读书的，因为他们对这个世界充满了好奇，而阅读正好可以满足他们这一天然的渴望。父母要做的只有两点：一是让孩子有书读，二是让孩子读到书。所谓"有书读"，就是家里要有孩子能读的书；所谓"读到书"，就是买回家的书要让孩子看得到，而不是整齐地码在书柜里。

这样，女儿到小学二三年级的时候，不仅读她自己的书，也开始看我和她爸爸读的书。为了满足她越来越大的"胃口"，我们不得不持续不断地买书。

喜欢上读书以后，只要没有课外书，女儿就会觉得不舒服，到处找书看。家里没有新书，她会向同学借，也会把以前看过的书再翻出来读一遍。到了这时候，我们也就没有必要再给她设置那么多"诱惑"了。

女儿在读书看报的过程中也尝到了甜头，她不仅知识面比班里大部分同学要广，也写得一手好文章。在同龄人的羡慕和大人们的夸赞声中，读书这一爱好逐渐被巩固，成为伴随女儿成长的一个非常好的习惯。

高中的学习任务虽然很繁重，但是多年养成的爱读书的好习惯，我舍不得让女儿丢掉，而且她也不想丢掉。小时候有大量的课余时间供我们读书，现在没有那么多时间了，我们就算挤时间也要读书。

我非常赞成一位教育专家的话："养成读书的习惯，等于在孩子的心里装了一台成长的发动机。"因为学识的限制，在女儿成长的过程中，我和先生总有许多问题不能回答她，但是，我们会给她买书或者借书，让她从书里找到答案。而且我发现，因为读了大量的书，女儿积累了深厚的文化底蕴，这使得她学习的后劲越来越足。高中阶段，她从年级的中下游到了年级上游；高三竟然迎头赶上，最好的成绩达到了年级第五名。读书，让孩子学到了课本中学不到的知识，很好地补充了课本知识的不足；读书，让孩子懂得了老师、父母所不能教到的做人的道理；读书，让孩子提高了情商，学会了正确处理学习和生活中各种问题的方法。

主意打定，我就开始行动了。每天下午女儿回来之前，我就把家里订的《北京青年报》放在餐桌上。一般来说，她回家的时候，晚饭还没有准备好。她放下书包，就先看一会报纸。

女儿从小学二年级开始，就跟着我们读报，最初只看最后一版的脑筋急转弯、幽默故事等内容，后来每个版块都翻阅，并且还和我们讨论当下发生的重大或者热门的事件。

小学的时候，就听到过老师夸奖女儿，说女儿懂的东西多，而且看问题的观点很独特，我想这跟她看报纸有很大的关系。

《北京青年报》是一份非常不错的日报，内容很丰富，有时效性很强的新闻报道和知识性、文学性很强的副刊，对女儿的帮助很大。订阅全年的《北京青年报》还可以赠送《读者》杂志，多年来我们一直选择要这个赠品。我和先生是《读者》的铁杆粉丝，在我们的带动下，女儿也从小喜欢《读者》，她写的文章里许多论据都出自《读者》中的小故事。小学和初中，每次《读者》到家，她都会拿到手一口气就看完。可自从升入高中，就很少有时间享受这种阅读的乐趣了。于是我就把《读者》放在沙发扶手上，或者她的床头，有的时候甚至放在卫生间的暖气片上，让女儿随时都能读一会儿。

我们家还订了《中国国家地理》《博物》《青年文摘》等杂志，我都如法炮制，凡是女儿目力所及或者伸手能拿到的地方，我都放上一本。目的就是，只要她想看书，顺手就可以拿起一本看一会儿。杂志上的文章都是独立的，也不是很长，看一篇不需要花很长的时间，对于学习任务比较繁重的高中生来说，挺适合的，而且读这些短小的文章也是放松心情、缓解压力的好手段。

间或，沙发扶手上也会出现一本"大部头"，比如余秋雨的《文化苦旅》和林海音的《城南旧事》，还有王小波的"时代"系列，这些书，女儿都是在晚上泡脚的时候一点一点看完的。

女儿从中得到了好处，有的时候我忘了在某个地方放书，她还会提醒我。

到处都放书放报，让我家看上去很零乱。一次，女儿的姑姑从老家来北京，看我们家东一张报纸、西一本书的，就开始帮我收拾，还数落我不打理家，把好好的家弄得乱七八糟。我笑着告诉她，其实我每天都整理，不收拾那些书报，只是想让我们的家充满"书香味"而已。

不然怎么办呢？如果我把书都整整齐齐地收拾到书房里或者报刊架子上，女儿看起来就不方便了。我想，等女儿日后"下笔如有神"了，我再好好收拾也不迟吧。

女儿偶尔也会放纵一下自己。《暮光之城》出了中文版后，女儿从邻居姐姐那里借了两册来看，却发现翻译得实在太差。于是让我在网上给她买了英文原版。

那是一个周六，我们从快递员手里拿到了3册原版的《暮光之城》。女儿爱不释手，高高兴兴地把书拿到她的屋里去了。晚上我上床的时候，看她的屋里还亮着灯，我以为她在复习功课，准备周一的期中考试。

周日早晨，都9点了，女儿还在呼呼大睡。叫她，她说昨晚熬夜到凌晨4点，把《暮光之城》的第一册看完了。实在是太困了，求我让她再睡一会。为了女儿的健康，为了女儿读书的快乐，我让女儿睡了个痛快！成天面对枯燥的课本，孩子渴望阅读趣味性和文学性都很强的小说，这是非常正常的要求，作为家长，我们没有别的选择，只有支持。

女儿挤时间，愣是把《暮光之城》和《吸血鬼日记》的英文原版读完了。2009年8月，女儿参加托福考试，满分30分的阅读，她拿到了29分。我想这跟她坚持读原版的著作有很大关系。后来我翻看女儿的英语周记，看到她的英语老师在批阅她的读后感时鼓励她坚持阅读原版小说，因为那是学习英语最好的方法。

即便是到了高三，女儿的课外阅读也没有停止。暂且不说阅读对于一个孩子健康成长那么长远的好处，就说它对高考，也很有好处。现在的高考跟时事联系得越来越紧密，对综合素质的要求也越来越高。尤其是学习文科的孩子，只读几本课本已经远远不能适应时代发展的要求了。因此，即便是高中阶段学习非常紧张，家长也要鼓励孩子抽出时间阅读。大量接触课外的东西，实在是有百益而无一害的事情。

父母在家里少谈学习

课本知识、考试内容有老师来教导，生活中的各种学问，则需要家长日积月累地教会孩子。孩子回到家，多跟孩子谈谈发生在校园外的事，谈谈生活琐事，谈谈做人的道理，既是对学校教育的最好配合，也更有利于孩子的健康成长。

女儿上小学的时候，我们家住在学校附近，所以放学后经常会有小朋友到我家和女儿一起玩。一个周五的下午，几个小家伙又来我家玩了。他们离开的时候，我正好在厨房里，就听一个小女孩说："我真羡慕李若辰啊！"另一个小男孩说："是啊！"

我知道他们说的"羡慕"是什么。

那个时候，班里的小朋友一到周末就都像赶场一样去上各种各样的兴趣班，唯有我女儿只在周六学一个小时的芭蕾，其余时间就跟着我们去郊游或者到科技馆、博物馆等地方玩。

女儿从小到大，我们都坚持除了让她在课余时间完成学校的作业外，就不再管她的"学习"了。

等女儿上了高中，我们给她请了家教，也让她上课外辅导班，但总是尽量把课集中在周六或者周日，然后空出一天的时间，一家人在一起，或者做家务，或者游玩。目的是让孩子一周有一天彻底放松的时间，为下一周的高强度学习做准备。

跟小学和初中比起来，高中孩子的学习时间要多出许多。我算了一算，女儿早晨7点15分开始早自习，到下午5点放学，晚上还要在家里花两三个小时完成作业，每天学习的时间有十几个小时。到了高三，她每天放学后都在学校上自习到晚上8点半，回到家就9点多了。

我看在眼里，疼在心里。作为经历过高中学习和高考的过来人，我们深知高中三年学习的"苦"。于是，我和先生约定，在家里少跟孩子谈学习的事情。

我认为"学习"在学校里或在老师的教导下完成，就已经足够。谁不明白高中教育的目的就是为了让孩子取得好的高考成绩，进一所好的大学。孩子们听完课以后，就反复做枯燥的习题，这个过程没有任何趣味可言，而且非常耗费脑力和体力。所以，和孩子在一起的时间里，家长应该把"学习"的按钮关掉，让他换一换脑筋。

女儿回到家，她爸爸会和她讨论国内外的大事，他们经常会因为对一件事情的观点不一致争得面红耳赤；我会和她探讨生活上的一些事情，大到最近老家发生的一些趣闻，比如哪个姐姐新谈了男朋友，小到我买了个新发卡，也会告诉她，拿给她欣赏。我们一家会为某个笑话一起放声大笑，我们会一起看一篇好文章，我们会一起做游戏。我发现，在这样的气氛下，孩子才会彻底放松，精神也会变得愉悦。

女儿在家的时间里，我们会安排一些事情提高她的生活技能，比如让她帮我做做饭、洗洗衣服；也会鼓励她找朋友聊聊天，和同学一起出去锻炼身体，或者去看电影等。

因为我们在家很少谈学习，不强迫女儿，所以她在学校里总是能集中精力，很好地完成老师布置的学习任务。

我想许多家庭都有类似这样的情形：本来孩子兴高采烈地跟爸爸妈妈聊着自己身边发生的一件事情，妈妈突然来一句"今天的作业多吗"，或者"今天语文讲到哪里了"，孩子的情绪立刻跌到谷底，随即噘起嘴，再也无话可说。反应强烈的孩子会很不耐烦地回击："每天就知道学习学习，还有没有别的事情了！"或者"烦不烦啊，又说学习了！"

孩子每天从早学到晚，也许跟你聊天只是想放松一下，说完这段他就又会去写作业，你不合时宜地打断，而且是用他"深恶痛绝"的事情来打断他，很容易造成他的抵触情绪，许多家长所说的"叛逆"也由此产生。长此以往，孩子就不再愿意跟家长交流，亲子关系也就出现了问题。

其实，高中孩子不愿意听父母对自己的学习评头论足还有一个原因，就是在这个阶段，大部分家长已经不能辅导孩子的学习了。在辅导功课方面，家长在孩子的心目中已经失去了权威的地位。况且，这个阶段的孩子自我意识很强，觉得自己已经长大，能安排自己的生活和学习，不需要家长去提醒。家长的干涉会让他认为自己不被信任，所以家长的一句话才会引起那么大的震动。

一个人将来要在社会上"闯"，靠的并不全是学习了多少知识，还有性情如何，以及实际处理问题的能力的高低，而所有的这些只能在学习之外得到锻炼。

生活处处皆学问。孩子的人生路很长，而且离开学校后的日子才是他人生的主要历程。课本知识、考试内容有老师来教导，生活中的各种学问，则需要家长日积月累地教会孩子。因此，孩子回到家，跟孩子谈谈发生在校园外的事，谈谈生活琐事，谈谈做人的道理，既是对学校教育的最好配合，也更有利于孩子的健康成长。

买课外书得看孩子的需求

对于已经有了判断力的高中孩子，家长不要盲目地为他购买各种教辅材料和课外读物，而要考虑孩子的实际需求，有的放矢地买。

我有一个习惯，过一段时间就要去一趟书店。每次去都是先把自己用的书挑好，然后为女儿挑书。

不谦虚地说，女儿从小学到初中毕业，所看的课外书基本上都是我帮她挑选的，无论是教辅资料还是课外读本，我都可以选到她喜欢并且对她有帮助的书籍。

记得女儿上小学的时候，她好几次拿着我买的书到学校去读，都被老师推荐给全班同学，有的甚至被列为全年级读物。

女儿初一的时候，我在书店偶然看到薄冰主编的《魔法英语》同步辅导材料，非常欣赏里面的单元总结，就给女儿买了回来，让她每个单元学习结束后，结合课本和这本辅导书里的单元总结进行复习。女儿照着去做了，收到了很好的效果。

女儿高一的第一学期，我有一次去书店，按照老习惯想为她挑选几本教辅书。然而，我在书店码放高一学生教辅材料的地方转了几个来回，就是不知道买什么合适。离开中学课堂好些年，对高中教材已经陌生了。看来看去，我发现仅高一历史一科，就分为必修和选修，必修又分为必修1、必修2……看得我眼花缭乱，不知道从哪里下手。

我转头向旁边看了看，发现一位年龄跟我相仿的女士正在翻看高一英语的教辅材料。心想她一定也是家长，便走上去搭讪，想问问她如何帮孩子选书。我还真问对了人。她是人大附中的一位英语老师，问了问女儿的年级和所在的学校，就告诉我："你不用买书，老师都会有安排的，需要的材料老师告诉了孩子，孩子自然会让你帮她买的。"

果然如那位老师所说，没过多长时间，女儿就拿回来一张书单，上面有课外阅读的书籍，也有教辅图书，让我帮她买，而且告诉我老师说了必须买。

从此，我过一段时间就照单买书，省去了为孩子选书的烦恼。

然而，女儿高三的时候，我们家还是出了点状况。以前从来不大过问女儿学习的先生突然来了劲头，他同时加入了几个QQ群，有高三学生家长群，也有近几年内将参加高考的学生家长群，每天跟人家聊天。听到某个家长说哪种教辅书好，就赶紧买回来给女儿看，还在网上查了许多资料打印出来给女儿。他还特意买了两个书架，放在女儿最方便取放的地方，把他拿回来的那些资料整齐地摆放在架子上。起初女儿还翻一翻，到后来，女儿看着爸爸给她的那些资料，情绪都受到了影响。

先生认为女儿在学校学习之余，应该再补充些课外的东西。他的出发点是好的，然而他走入了一个误区。到了高三，教材上的内容已经全部学完，孩子其实每天都在大量地浏览和练习课外的东西。

高三年级的老师都具有多年的教学经验，他们能很好地掌握孩子们的学习状况，并对每个孩子进行适度的照顾。就算在普通班，高三的老师都会根据学生的情况做好安排，更不用说女儿所在的班级是他们学校文科的第一实验班，教师队伍的配备非常棒。更何况，女儿每天只完成老师布置的学习任务都会做到很晚，有一点空余的时间，也应该休息一下，或者看看轻松的休闲类书籍，而不应该再看爸爸给她的那些资料。当然，她也根本没有心思再去看。

之所以情绪受到影响，是因为女儿已经长大懂事了，她明白爸爸的用心，知道爸爸都是为她好。所以，刚开始的时候她有意顺从爸爸，会翻看一些。可是她哪里知道，她的这种行为鼓励了爸爸。看到女儿愿意看自己买的资料，先生开始源源不断地往回找资料了。女儿内心里并不想看这些东西，但又觉得这都是爸爸辛辛苦苦找来的，不看对不起爸爸，心里产生了内疚感。而且，爸爸拿回来的那些资料她都没有时间看，也让她对自己产生了怀疑，感觉自己是不是效率太低或者学习不努力。在种种矛盾心情交织的情况下，女儿一度感觉压力特别大，也出现了焦虑烦躁的情绪。

后来，先生发现了问题，及时调整了自己的方式，我也帮女儿做了心态的调整，她才重新回到积极乐观的状态。

我们做父母的，很容易在不知不觉间为孩子做许多他们并不需要的工作。实际上，这么做只是在满足家长自己的愿望，对孩子来说却并非一定需要。就买教辅材料这件事，对于已经有了判断力的高中孩子，家长不要盲目地介入太多，就算为他买，也要考虑到他的实际需求，有的放矢地买。尤其是到了高三阶段，孩子在备考的高压下，心理已经非常脆弱，搞不好就会出问题。家长要相信学校和老师，也要相信孩子的判断，不要人云亦云，盲目跟风，随意购买或收集课外资料，给孩子增加负担。

请家教，适合就是最好

找家教千万不要迷信名校或者名师，无论是学校还是老师，适合孩子才是最关键的。一个好的老师，不仅要传道授业，还要做好孩子的思想工作，孩子的自信心被激发起来，潜能才能发挥到极致。

　　许多家庭都有为孩子请家教的经历，我们家也是。从女儿初三到高三，我们给她请过两个家教，让我对这一问题感受颇深。

　　女儿上初三之前，只在小学五年级时上过四次奥数课，可是，因为奥数学习不适合她，结果很不理想，严重挫伤了她的自信心。此后，尽管女儿的学习成绩并不拔尖，我们也不再让她上任何课外班。这固然有"一朝被蛇咬，十年怕井绳"的心理障碍，但也是因为尊重孩子，她不愿意，我们不强求。

　　直到女儿初三的第二学期，有一天，她突然对我说："妈妈，给我找个家教吧，我想加强一下数理化的学习。"

于是，我们一家便商量找什么样的家教。还有几个月就中考了，这个时候再去家教中心听大课，显然不合适，因此我们决定找一对一的家教来家里上课。我咨询了许多已经请了家教的朋友，也上网查了许多资料，并对家教市场的从业人员做了认真的分析。从事一对一家教的人员大致可以分为这样几类：

第一类是中学任课教师。这类老师的优点是对教材熟悉，有教学经验，也能很快抓住孩子的学习特点，但是，容易自认权威，孩子在这样的老师面前很难轻松自如地质疑和探究。

第二类是从事非教育类工作的高素质人员。这部分人教学不受课本约束，能够开阔孩子的视野，并且能够帮孩子提高思维能力，但针对性不强，对于应试的效果不是特别好。

第三类是高校大学生。这是家教领域的生力军，虽然他们教学经验不足，但由于刚刚离开中学不久，对各科知识仍记忆犹新，也容易跟孩子充分交流学习的体会。另外，高校学生跟孩子的年龄差别不大，沟通起来几乎没有障碍。

通过分析比较，女儿锁定了高校学生，而且明确要一个姐姐。我和先生也认为这样比较好，找个高校的女生来给女儿做家教，不仅可以教她学习，还可以让她多一个同伴，同时，家教带来的丰富多彩的大学学习和生活信息，对她也是一种吸引和鞭策。目标定下来后，我们就开始寻找。

经过一番筛选，女儿最后选定了中国农业大学一个大三的女孩。

为了能很好地利用家教这一资源，我事先分别和女儿的数学、物理、化学老师进行了沟通。女儿的化学其实没有太大问题，考试成绩经常排在班里的前几名，也拿过满分。数学和物理则是她的弱项，课堂上的内容虽然能大部分掌握，但因为有些"欠账"，学起来越来越吃力。

考虑到这些情况，我和先生跟女儿商量，要她每周五晚上把本周学习的数理化内容梳理一下，掌握了的放一边，没有掌握的内容记下来，然后跟家教姐姐电话或者短信联系，告知自己不懂的地方，让姐姐有的放矢地备课，以取得最佳效果。同时，自己也从这些内容着手准备。每次家教课，不求老师讲得多，只求讲课的质量，争取把课堂上没有掌握的或者一知半解的问题都弄明白。

跟女儿达成共识后，我们把这个想法告诉了家教姐姐，她欣然接受了我们的方案。于是，我们给她买了一套教材，方便她备课。

女儿和家教姐姐配合得非常好，每次姐姐来到家里，女儿都很兴奋，只要门铃一响，她就跑去开门，热情地拉着姐姐的手去她屋里上课。课程结束后，她们俩总要多聊半个小时，聊高兴时哈哈大笑，家教课总是在轻松愉快的气氛中结束。

请完家教一个月后的那次考试，女儿的数理化成绩有了明显的提高。在初三紧张的复习阶段，女儿的家教课变成了缓解压力很好的手段。几个月的师生关系处下来，她们成了无话不谈的好姐妹。后来这个姐姐考上了北大的硕博连读，没有时间做家教了，但是女儿和她一直保持着密切的联系，这对女儿的学习和生活都有非常大的帮助。目前，大多数孩子都是独生子女，找一个在读的高校学生做家教，确实是个不错的选择。

家教和课外辅导还有一种叫法，就是"补课"。所谓"补"，就是要查缺补漏，把孩子没掌握的漏洞补起来，而最明白漏洞在哪里的是孩子本人。因此，让孩子把握补课的主动权，让老师有针对性地辅导，效果才会比较好。

请家教要想取得好效果，针对性非常重要。这是我们第一次请家教的深切体会。

女儿在高一第二学期时说，她想上数理化课外班，因为她的这几科明显偏弱。一天，女儿告诉我，班里有两个同学在上一个老师的数理化课，效果挺好的，她也想去听听。我答应了。在她试听之前，我了解了一下老师的情况。女儿同学的妈妈告诉我，她女儿从初中开始就在那里听课，效果确实不错，而且收费远远低于市场上同类家教机构，并把老师的电话给了我。

上班间隙，我给这位老师打了个电话，聊了半个小时。老师说，女儿可以去试听一次课，同时也跟我提出了一个要求，让我把女儿的学习情况简单写一写，发一封电子邮件给他。我对这一做法将信将疑，但还是给他发了封邮件，介绍了一下女儿学习数理化的情况。

试听以后，女儿一直在那里接受数理化课外辅导，高二分科后继续在那里上数学课，直到高中毕业。

我每个星期都给这位老师发一封电子邮件，介绍孩子这一星期的学习情况和情绪状态，他也会在课后把他跟孩子互动的结果及时回复给我。到了高三，孩子进入总复习阶段，他向我们索要孩子平日做过的卷子，及时把握孩子学习的漏洞，有针对性地进行辅导。

在给老师发邮件的过程中，我还做了一件事情，就是向老师传递女儿很优秀的信息。我知道女儿的数理化成绩比较糟糕，但她的文章写得很棒，英语成绩也名列前茅。在给老师发邮件时，我会把女儿写的文章也一并发给他。女儿托福考试取得了106分的高分，我也第一时间写邮件告诉这位老师。目的就是要告诉老师，女儿学习是很棒的，只是数理化成绩差了一点而已。

这位老师也非常给力，每当我把女儿取得的成绩发给他时，他就会在上课的时候夸她，比如："李若辰，你简直就是写作的天才，你的文章写得太好了！"女儿听了自然美滋滋的，不会因为自己的数学成绩差而那么自卑了。我想这大约就是我们通常所说的"正能量"吧。我同时也认识到，在孩子那里，家长有信心是非常重要的。在孩子的问题上，如果连我们家长都没有信心了，又怎么能够指望别人帮助到他呢。

一直以来，家长都十分重视和学校的沟通。其实，家长跟课外辅导老师进行沟通也是非常重要的。毕竟课外辅导都价格不菲，辅导老师如果有责任心，他是愿意为花了高价钱的孩子尽心尽力的。而且，如果选择的是一对一或者小班辅导，老师的心思更有可能花费在每个孩子身上。所以，家长要及时把孩子的情况跟课外辅导老师沟通，方便老师有针对性地进行辅导，起到事半功倍的效果。

后来，我也逐渐明白了这位老师的教学方法。他不是跟着孩子学习的课程同步讲，而是把整个高中的数理化知识综合起来讲，两个小时的课程，数学、物理、化学的内容都有涉及。他的课看似凌乱，但却是在启发孩子思考一个"大"的学习问题，即如何用数理化的思维方式去解决每个问题，目的在于提高孩子的综合学习能力，而不是只盯着短期的学习成绩。我认为这才是一个负责任的老师的做法。

女儿告诉我，这位老师教学还有一个绝招，就是想办法调动每个同学的自信心，他总是抓住孩子的某个闪光点，放大了去表扬，让孩子觉得自己真的就是天底下最优秀的那一个。女儿在他这里上课以后，数学成绩稳步提高。最让我欣慰的是，上了这位老师的课以后，女儿从过去的惧怕数学到接纳数学，最后开始喜欢上数学了。

如此看来，老师不仅要教知识，还要做好孩子的思想工作。孩子的自信心被激发起来，潜能才能发挥到极致。

通过多年的接触和观察，我发现有些家长为孩子请家教存在一些误区：

第一，为孩子请保姆式的家教。目的就是让老师陪孩子写作业，一方面帮助孩子完成学校作业，另一方面让老师监督孩子学习。这样的家教在小学阶段还能凑合用，等孩子上了中学，自我意识觉醒了，再请这样的家教不仅对学习没有好处，师生关系甚至亲子关系还会因此搞得很僵。

学习本来是孩子自己的事情，陪读加监督的结果只能让孩子觉得学习是极度不自由的苦差事，从而失去学习的主动性。

第二，频繁为孩子换家教。我看到身边有的家长给孩子找家教后，只要一段时间成绩提升不大，就急忙换老师，有的孩子几年下来走马灯似的换了许多老师，结果学习成绩还是不理想。

其实孩子和老师都需要一个适应的过程，而且每个老师都有自己的教学方法，只有经过一段时间的互相了解和接纳，教学的效果才能慢慢地显现出来。做家长的应该有一点耐心，等一等老师，也等一等孩子。

就像我前面提到的那位数理化老师，刚接触他的孩子感觉他讲课总是东一榔头、西一棒槌，每堂课学不了多少东西。女儿刚开始也有些摸不着头脑，我就鼓励她坚持一下。经过一段时间的磨合，她才喜欢上老师的讲课方式。

第三，贪"贵"求"名"。有的家长以为多花钱，把孩子送到那些著名的家教学校，或者请个名师就可以取得好的效果，其实不然。名校因为生源丰富，商业化程度很高，很少关注到每个孩子；名师既然已经出名，就会非常忙，让一个时间和精力都有限的人对每一个孩子都上心，是不现实的。所以没有必要迷信名校或者名师，无论是学校还是老师，适合孩子才是最关键的。

我觉得家长为孩子请家教，应该考虑以下几个方面的问题：

一是要重视课程内容是否适合孩子。说实在的，女儿小学五年级时上奥数课的失败经历，让我们现在想起来都心有余悸。孙云晓说："奥数是一个让大部分孩子一次次证明自己是傻瓜的课程。"其实，对于不适合孩子自身情况的任何学习内容，都会造成这样的结果。

二是要尊重孩子的选择。选择老师要尊重孩子的意见，让他自己选择喜欢的老师，正所谓："尊其师，重其道；亲其师，信其道；爱其师，乐其道。"

三是要重视老师的素质。一个好的老师，不仅要有高超的教学技巧，还应该会调动孩子学习的积极性，这两方面有机结合，教学才能有好的效果。

四是要重视持续性。请到一个老师后，家长要鼓励孩子坚持一下，让师生都有一个适应的过程，让教学效果慢慢显现。

考试过后，更需要家的支持

一个从长远考虑孩子成长的家长，不该在乎孩子一时的考试成绩，而要发现孩子身上那些独特的资源，并帮助孩子认识和挖掘。

　　女儿从小数学成绩就一般，初中时虽然数学成绩也不好，但还不至于拖总成绩的后腿。一上高中，数学成绩就变成了女儿的噩梦，连续好几次数学考试都是班里的倒数第一。这让她非常苦恼，也很着急。

　　有一次看女儿用俏皮的文字记录的一篇随笔，我觉得又好笑、又心疼。

　　高一第二学期的一天中午，女儿和好朋友一起去操场看他们班和别班男生的篮球比赛。回到教室后，她看到课桌下面飘着一张数学卷子，卷子的右上角赫然标着红红的40分。一开始，她以为那是上一次月考的数学卷子，可当她拿起来看的时候，才发现那就是头一天的数学考卷。这时候，她最好的朋友小丽过来悄悄地在她耳边说："若辰，你这次的数学又考了倒数。"说着，还同情地拍了拍她的肩膀。她俩之所以能成为好朋友，是因为这个同学的英语和我女儿的数学有着相同的遭遇。

听到同学这样说，女儿的心情一下子跌到了谷底。

下午的第一节是语文课，老师讲的是徐志摩的《再别康桥》。讲到"软泥上的青荇，油油地在水底招摇"时，老师特意解释了"招摇"这个词，她说："'招摇'这个词呢，如果用在人身上，那表示这个人大约很得意。比如我们同学如果有人考试考了90分，他大概在大家面前招摇，如果有个同学只考了30分，你们想想，他能够招摇得起来吗？"

说者无意听者有心。老师只是讲课，并没有针对谁。不过，老师讲到这里的时候，女儿身边的同学齐刷刷地把眼睛看向了她。女儿在她的文章里写道："看什么看，我考了40分，不是30分，好吗？"

同时女儿也写了，那一节课她的心情差极了，听课的效果也非常糟糕。下课后，她找了个角落开始掉眼泪。直到一位同学过来跟她说了句他们刚刚学到的英语名言"Can we do the best？Yes we can"时，她才破涕为笑。

每个人的内心都强烈渴望成功，具体到孩子的考试上，每个孩子都希望自己考试的成绩好，被别人认可和肯定。但是很多时候，不是说你想考好就能够考好的，各方面的因素都会影响学习成绩。女儿写作业从来都是先写数学，花费的时间也最长，但数学成绩依然不行，可见要学好一门课，只有上进心和勤奋是不够的，还要看孩子是否具有这方面的智能优势和适合的学习方法。在我的邮箱里也经常能收到家长的来信，诉说孩子花很长的时间在学习上，甚至牺牲了假期和玩耍的时间，但学习成绩依然平平，甚至有的孩子还很差。

那时候，女儿回家也常跟我说："妈妈，考倒数第一的感觉实在是太难受了，我真不想再这样下去了。" 我太了解女儿的感受了，因为我上高中的时候数理化也学得一塌糊涂，物理最差的一次考试成绩只有45分，那种挫败感和羞耻感，如今想起来都还隐隐存在。所以每当女儿向我诉苦的时候，我有时会说："闺女，妈妈很同情你，妈妈当年跟你一样，数学就是学不好。你说妈妈可以帮你做什么，妈妈一定帮你。不过宝贝，你的数学不好，但你的语文和英语很好。而且数学一科成绩差，绝对不影响你成为人才的。咱以后不从事与数学相关的职业就得了呗！"这么说的时候，女儿便会放松很多。

有的时候，我干脆就搂着女儿，拍拍她的肩膀，半认真地跟她说："宝贝，妈妈很心疼你，要是不学数学该多好。要不咱直接放弃数学，好好把其他科目学好吧！"女儿往往会说："放弃数学，那对我的高考会有太大影响，坚决不行。"

我非常了解数学科目对高中生的重要性，也明白高考时数学150分的分值对一个考生来说意味着什么，但我更明白，女儿是多么想提高她的数学成绩，她自己也正在为找不到合适的方法、没有能力解决这个问题而烦恼。这时候，我所做的就是表示自己理解孩子，接纳她当前的状态，并愿意在她需要的时候支持她。我没有给她讲大道理，因为我知道道理她都懂，之所以回家诉苦，只是想要爸爸妈妈听到和看到她。现在看来，我很庆幸的一点就是，在女儿数学一再考不好的情况下，我和先生没有给她压力，而是给了她同情和支持。后来，女儿想找课外的老师帮忙补习，并且到一个课外机构的老师班上听课，最终找到了学习数学的方法，数学成绩也一点点提高了上来。

遇到挫折，孩子也许可以从老师那里得到一些帮助，但每个老师都有几十甚至上百个学生要照顾，不可能对每一个学生都面面俱到；同学之间呢，大家的学业都很忙，本身还存在竞争的关系，大多数孩子在遇到不如意的问题时并不愿意跟同学交流，就算偶尔说说，同样是十几岁的孩子，也不会有很大的帮助。就像前面说的那个女孩对女儿说那句话，已经是对女儿最有力的帮助了。

家长就不一样了，我们是父母，有时间、有精力关注孩子，我们无条件爱他们，也愿意无条件帮助他们。因此，当孩子在学业上遇到困难的时候，家长的理解和支持就显得非常重要。

一个老同学跟我聊起他女儿上高中时的一些事情，心有余悸。他女儿上高中以后开始住校，高一时，一到考试就给他打电话："爸爸，我不想考试了！"他很纳闷，因为在他的意识里，学生上学考试是天经地义的事情，他自己就是这么走过来的，许多孩子也正在这样走，为什么他的女儿一到考试就想逃避呢。他想，孩子可能是怕考不好被爸爸妈妈批评，于是就劝孩子安心去考，考成啥样都没有关系。可是女儿这一科考完，下一科考前又会给他打电话，请求他跟老师请假。高一时好几次考试都是这样，我的老同学觉得事情比较严重，就找了一个专注研究考试焦虑的老师给孩子做了几次辅导，孩子这才克服了恐惧心理，顺利地读完了高中。后来这个孩子读了一所很普通的大学，我的老同学不无感慨地说："只要孩子身心健康，哪怕她不读大学也没有什么。"

我非常欣赏这位好爸爸，当发现孩子出了状况时，他把焦点放在了如何帮助孩子解决问题上，及时地找方法。事实上，每次到了期中考试或者期末考试季，心理辅导机构都会接到恐惧考试的孩子前来辅导。同时也有一些家长没有意识到问题的严重性，强行逼迫孩子，最后导致孩子厌学甚至逃离学校。

我们的孩子从小就参加各种考试，家长也特别看重孩子的考试成绩。当孩子排名靠前的时候，家长会欢欣鼓舞，还会以好成绩作为条件给孩子各种奖励。而当孩子考试出现失误或者"考砸"的时候，有些家长轻则冷暴力，对孩子不理不睬，重的会责骂、惩罚孩子。这种"只见分数，不见孩子"的做法会让孩子从小就建立一些非理性的信念，比如"只有考好了爸爸妈妈才喜欢我""学习成绩好才是好孩子"等。所以，一旦考不好或者觉得自己考不好，孩子就会很害怕，害怕来自家长的冷漠、责骂，也害怕来自老师的批评。更何况，家长喜欢把自己的孩子跟别人家的孩子做比较，而且总是用自己孩子的弱点跟别人家孩子的强项比。这一点也会让孩子觉得，成绩差会遭到周围人尤其是同学的鄙视，从而对学习、考试产生抵触情绪。

每个孩子身上都有属于他独特的精彩，他优秀与否，和考试成绩没有直接关系。我们把孩子送到学校读书的目的，不是要那个考试分数，而是希望孩子越来越有修养，而且能学到解决实际问题的能力。家长如果能够认识到这些，就能看到孩子的成长，而不会只在意孩子的考试成绩，更不会患得患失了。只有家长放松了，才能给孩子更好的支持，孩子也才会阳光、快乐。

　　一个人只有认识到自身生命的价值，他才会自信。一个自信的孩子自然会坦然面对考试的成败，也会从容面对人生旅途中遇到的各种挫折，只是，这种自信更多地来自家长对他的接纳和信任。因此，一个从长远考虑孩子成长的家长，不应该在乎孩子一时的考试成绩，而要发现孩子身上那些独特的资源，并帮助孩子认识和挖掘。

正确对待孩子的"偏科"

正确看待"偏科"现象，把"偏科"的孩子当作"偏才"来培养，加以适当的鼓励，"偏才"是可以变成"全才"的。

女儿很小的时候，语言表达能力就比较强。上学以后，在语文和英语的学习上，花的功夫最少，却学得最好。因而，我觉得女儿在语言学习方面是有天分的。

上高中后，各门功课的内容都增多了。女儿每天花在语文和英语作业上的时间还是极少，可成绩在高中三年里一直排在班级前列，有时候也会蹦到第一名。而从高一开始，她几乎把课余时间都花在了数理化上，成绩却总是不尽如人意。

我了解多元智能理论，知道女儿的智能优势在语言智能方面。20世纪80年代，美国教育心理学家霍华德·加德纳提出了"多元智能理论"，即"八项智能理论"，指出人的智能是由语言文字智能、数学逻辑智能、视觉空间智能、身体运动智能、人际关系智能、音乐旋律智能、自我认知智能、自然观察智能组成，每种智能都是孩子在应对实际生活时所需要习得的。

我反思了我们对女儿的教育过程，其实女儿的语文和英语成绩并不是全靠天分，而是我们开发的结果。女儿很小的时候，我就每天读儿歌给她听，也给她讲故事，并让她跟着我读或者复述我讲过的故事内容。这些都锻炼了她的语言能力。她上小学以后，我又让她大量地读书，很好地补充了语文课本的单薄。语言是相通的，因为语文功底比较厚实，她一开始学英语就非常轻松，加上每天晚上她一上床，我就给她听英语磁带，还经常和她一起看英语原版的电影。因此，表面看，女儿花在英语和语文上的学习时间并不多，实际上，那些阅读、看电影都是学习语言的过程，这也是所谓的"润物细无声"吧。

而在数理化方面，除了跟着老师学习课本知识以外，我们几乎没有对她进行过有意识的开发。更何况，她小学、初中时，我们也没有让她上课外辅导班。

如此想来，女儿的"偏科"是有缘由的。

因此，我也悟出：孩子小时候的智力开发要注重全面，否则长大了很容易出现"偏科"的现象。

然而，我们发现这个问题的时候，女儿已经要上高中了。随之，我们就一直在"纠偏"，但事实证明，小时候造成的问题在长大后很难解决。女儿选修文科后，也在努力补习数学，成绩也基本处于"不拖后腿"的水平。我们只好安慰女儿，人不可能十全十美，许多伟大的人在某一方面成绩卓著，在另一方面也许就发展得比较差。其中，"钱钟书数学零分进清华"就是我们经常举的例子。

不过我觉得，女儿既然"偏科"，就应该取长补短。所以在她高一时，我就鼓励她去参加托福考试，证明自己的英语实力。女儿花了几个月强化英语学习，第一次参加托福考试竟然考了106分的高分。她从学校回来告诉我，她托福的考试分数是他们学校历年来的最高分。这大大增强了女儿的自信心，用她的话说，"虚荣心得到了极大的满足"。

她高二的时候，我们鼓励她参加全国作文竞赛，投去4篇稿子，结果4篇全部获奖。给《北京青年报》投稿，每次都能被登载，这也使得她对自己的写作水平越来越有信心。

因为英语和语文成绩一直名列前茅，女儿的数理化成绩虽然比较差，但也没有觉得自卑。

所以，与其让孩子处处平庸，不如让孩子在某一方面有突出的表现。因为处处平庸便处处不被人关注，长期被人"遗忘"的结果就是孩子的不求上进。而有某一方面的特长，会让孩子保持足够的自信心。

当然，如果能够"一超多强"更好不过。而事实上这一点也是可以做到的。每个孩子都是有进取心的，有自信做基础，他的上进心会更强，对于那些成绩平平的方面他也会主动去提高。女儿因为英语和语文成绩很好，为了能在考试中取得更好的总成绩，她就努力学习数学，最后数学成绩从倒数慢慢达到了班级的平均水平。

正确看待"偏科"现象，把"偏科"的孩子当作"偏才"来培养，加以适当的鼓励，"偏才"是可以变成"全才"的。在孩子的高中阶段，全面发展的目的是高考不"瘸腿"，拿到高考的好分数；到了大学或者在社会上工作了，再扬长避短就行了。

目标早确立，学习动力足

一个人做事有了明确的目标，把目标当作动力，再加上积极的心态，自然就不会觉得累，反而成了一种享受，他要做的事情也就没有理由不成功了！

我的女儿资质平常，从小到大学习成绩虽然不错，却很少拔尖。令人欣慰的是她一直喜欢学习，享受着学习的乐趣，几乎从没流露过厌学的情绪，且心态阳光。

上了高中以后，她变得更加勤奋，而且自觉地总结学习方法，应用到平日的学习中，所以到后来她的学习成绩一步步提高了很多。

我感觉女儿能努力学习，跟她早早就确立了明确的目标有很大的关系。

这样的感觉，是从我自身的经历得来的。我小时候在农村，学习就非常用功，当时我的目的很单纯，也很功利，就是要考上大学离开农村，每天穿干干净净的衣服，在办公室里上班。因此，当身边的小姐妹们个个都觉得学习很苦而纷纷辍学回家的时候，我始终跟着村里的几个男孩子每天跑几十里地去上学，甚至后来连村里的男孩子都辍学了，我还一个人跑到县城、跑到市里去读书。正是有那样一个明确的目标，我才能不断地努力学习，最终考上大学，离开了农村。

这个故事我在女儿小时候就常讲给她听，让她明白了读书确实是可以改变命运的。女儿小学四年级时，有一次她的班主任老师见到我说："你女儿了不起啊！"我问怎么了，老师说："她在班会上发言，竟然说出'知识改变命运'的话来，真让我震惊。"

原来班会上，老师让同学们自由发言，女儿竟然讲了我和她爸爸从农村走出来的事情，还说如果不是爸爸妈妈好好读书，考上大学，把她带出来，她可能还在某个希望小学而不是现在的学校读书，总结的时候竟然用上了"知识改变命运"这样"高水平"的句子。

其实，我和先生后来也一直都没有放弃过学习，除了有空闲就读书之外，有机会我们也去参加各种培训和进修。就连在女儿的高中阶段，我和先生还经常在周末女儿去上补习班的时候分头去上课。我们曾经把自己的家称之为"学习之家"。

当爸爸通过不断进修，换到了可以更好地实现自我价值并且可以赚更多钱的职位时，当妈妈通过学习，用自己的专业知识帮助更多的人时，女儿看到了学习的价值。

身教胜于言传。家长平日不断地学习，用学到的知识武装自己，让自己的人生更加丰富多彩，这榜样的力量比一遍一遍催孩子学习要大得多。

女儿升入高中以后，我们觉得女儿已经长大，有自己的判断力了，更加应该让她明确学习的目的，及早确立目标。

哈佛大学曾做过一个研究，测试一些即将毕业的大学生，这些学生的家庭背景、智商水平、学习成绩等情况都差不多。测试的题目有两个：第一，你的人生目标是什么？第二，你实现这个目标的计划是什么？测试结果有3%的人写出了清晰的目标、详细的计划；有13%的人写出了大概的目标和计划；还有84%的人没有想过这两个问题。10年过后，那3%的人的收入是那些没有目标和计划的人的10倍；写出了大概目标和计划的人，其收入是没有目标和计划的人的两倍。

可见，成功是属于那些及早确立目标的人的。然而孩子阅历尚浅，对于将来的事业、前途等在大人看来重要的事情，他们大多时候概念还很模糊，需要家长帮忙明确。

于是，从女儿高一开始，我们就帮她规划她将来的职业生涯。女儿是个天生的"慈善家"，从小的理想就是在若干年后开一家专门照顾穷苦老人的养老院，并在养老院的旁边开一家流浪动物收容所，这个理想直到高中都没有变。她的想法其实非常纯真，之所以在养老院旁开一个动物收容所，就是希望养老院的老人可以帮助照顾小动物，还不至于寂寞。我和先生感动于女儿的善良，打心底里欣赏女儿的设想，因此一直表示支持她的想法。一次，我们正式帮她分析了如何才能实现她的理想。我们分析，开这样的机构需要先投入资金，而且数目不小，机构建立起来以后平日的支出也会很大。因为并不了解具体的情况，我们鼓励女儿有空到这样的机构去亲自考察考察，以便获得第一手的资料。

于是女儿参加了学校的社团"爱心社"，利用休息日和同学们一起去养老院看望那些老人，还让爸爸带她去看了专门收养流浪猫狗的小动物保护中心，对自己的想法有了更加客观和理性的认识。

后来，我们进行了具体的讨论。无论做什么事情，包括开慈善机构，都不能依靠别人，而要靠自己。我们告诉她，爸爸妈妈目前的收入水平和专业知识看样子帮不了她太大的忙。要实现她的理想，要么她将来自己可以赚好多的钱，要么她有能力发动社会的力量来做这件事。

女儿想来想去，把目标锁定在了"发动社会力量"上，因为她觉得等她赚够那么多钱的时候，那些需要帮助的人和小动物就会等得时间太长了，她心疼。

那么什么样的人才有能力发动社会的力量？我们比较了多个职业。

"新闻媒体！"这是女儿最后得出的结论，"我可以做记者，用我的笔写出真实的情形，打动更多有爱心的人，大家一起来做这件事。"可不是吗，目前社会上的许多慈善事业都是在媒体的推动下开展起来的。摄影记者解海龙的那幅《大眼睛》不就大大地推动了"希望工程"的发展壮大吗？对女儿的这一目标，我和先生投了绝对的赞成票。

女儿确实比较适合从事记者这个职业，她从小善于观察，很善于捕捉事物的敏感点，而且文笔也很好，写文章出手又很快。相信通过大学几年的锻炼，她一定能做一名优秀的新闻记者。

然而新闻专业属于热门专业，无论上哪个大学分数都很高。目标明确以后，女儿的学习便走上了良性的道路。她明白了目前的学习是取得成功的手段，现在学到的知识是将来获取幸福的武器。一个人有了远虑，便没了近忧。女儿不再患得患失，为一时成绩的退步而气馁，也不为一次的高分而沾沾自喜。在高二尤其是到了高三，女儿对学习简直是如饥似渴，非常勤奋。除了学习用功之外，她还善于制订学习计划，照计划有条不紊地学习。

其间，为了确定她的目标正确与否，在我们的鼓励下，她试着给《北京青年报》投了几次稿。结果她投去的几篇稿子都发表了，有一篇还被登在了"中学作文"版的头条。这对她的激励非常大，而且更加确定了她的信心。

第一次拿到稿费的时候，女儿竟然问我："老妈，你说我将来毕业到《北京青年报》去应聘，就拿着我发表的厚厚的一沓文章，他们会要我吗？"

"那还用问吗？Just do it!"我用了一个时髦的英文句子来回应她。

目标明确，女儿内心也变得轻松起来，无论学习多么紧张，她每天照听音乐，每周照看美剧，只是她把时间安排得非常合理，劳逸结合也做到了最好。

高三有一次，我看她晚上学到很晚，就心疼地说："宝贝，别太累了，能学多少就学多少。"

她说："不累啊，我觉得很happy!"

是啊，一个人做事有了明确的目标，把目标当作动力，再加上积极的心态，自然就不会觉得累，反而成了一种享受，他要做的事情也就没有理由不成功了！

提前订计划，学习效率高

有计划地安排学习任务，有序地学习，这样的学习并不会让你感到有压力，反而会让你很好地实现目标，获得成就感和满足感；同时，通过不断达成短期目标，你就能一步步达成长远目标。

　　每个学期一开学，女儿都会给自己买一个很小巧的活页本，她叫作"记事本"。她在本子上除了每天记下老师安排的作业和自己想着要做的事情之外，还会在每天做事前列一个计划，然后照着小本上写的去做。

　　这种做法非常不错，也让女儿在高中阶段受益匪浅。

　　这一点，女儿是从她爸爸那里学来的。先生喜欢用笔记本记事，工作多年，他用了好多个笔记本。他的笔记本里有一项重要的内容就是各种计划。一年开始，列一年的大计划；月初，列一个月的中计划；周一，列一周的小计划。除了这种笼统的计划外，每做一件事，他也有详细的完成计划，每个环节都周到细致。他的工作很忙，每天都要处理许多事情。为了不漏掉每一件事，他每天进办公室第一件事就是在笔记本上按照主次列出当天要处理的事情，完成一件，就画一个对号。这样就不会因为事情多而耽搁某些必须要做的事情，而且工作效率也提高了。

一次，女儿翻看爸爸的本子，觉得爸爸的办法很好，就照着去做了。起初，她每天晚上写作业前，先大概列出写每科作业需要的时间和先后顺序，然后再把课本和练习本按照列出的顺序放在书桌一角，每完成一科作业，就把该科的书本收拾到书包里。她所列的时间里，每两科之间都有几分钟的休息时间。在做某科作业的时候，不做任何别的事情，包括上厕所，争取在自己规定的时间内完成任务。刚开始的时候，她往往不能按计划完成，慢慢地，她就掌握了节奏，会在时间规划和做事速度上做一些调整。到后来，她基本都能按照自己的计划完成所有作业。

在整个做事的过程中，如果不在她的休息时间，她拒绝我们的打扰，不允许进她房间，不允许给她送水、送水果。

这是女儿高中阶段养成的一个非常好的习惯，因为这个好习惯，女儿每天做事非常有序而且高效；也是因为这个好习惯，女儿高中三年很少因为写不完作业而熬夜。这些都让我非常欣慰。

高一、高二阶段，因为喜欢读书，她的计划里常常会有阅读课外书的条目，时不时硬性规定自己读一会儿书。而一般周末休息两天，时间很充裕，她就不怎么做详细的计划了。

高三复习阶段，女儿针对自己学习的强项和弱项，开始制订月计划和周计划，然后细化到日计划。周一到周六去学校上课，女儿只能跟着老师的进度进行复习。周日，自己上自习的时候，她会有一个详细的计划。有一次，我给她收拾桌子的时候发现了一张撕下来的活页纸，是某个周日的计划，她是这样安排的：

2月20日：

8：00—8：30　政卷

8：30—9：00　小练

9：00—10：00　历

10：10—11：00　语诗歌

11：00—11：30　语说明文

13：00—14：00　数选择题

14：10—16：00　数大本+小练

16：00—16：30　数《说明》

时间安排得非常紧凑。

看到这页纸，我就明白她为什么每个周日还是像平日上学一样那么急急忙忙出门了。以前我心疼她周日还那么辛苦，总是跟她说，上自习可以自己掌握时间，晚一会早一会并没有关系，她不买账，还是早早就要出门。原来，是她计划的时间要求自己必须在早8点的时候就进入学习状态，要不就会完不成任务。难怪她老说，晚一点就会有连锁反应，搞得她一整天都忙乱。

离高考还有半个月的时候，女儿一天晚上临睡前对我说："妈妈，我把这十几天的时间又做了一个周密的计划，这个计划实施完大概离高考还有两天的时间。"我没有说什么，只为她竖起了大拇指。

我打心底里敬佩先生，是他教女儿养成了制订计划并按计划完成学习任务的好习惯。还是那句老话，在家庭教育中，家长的榜样力量是巨大的。当然，最受益的还是女儿，这个习惯使她在高中阶段学习得非常有序高效，而且比较轻松地完成了学业。

总结了一下，女儿按照计划学习的好处多多：

首先，有计划地安排学习任务，有序地学习，并不让人感到有很大的压力，反而在每次完成既定目标的时候会有成就感和满足感。

其次，按照计划学习，可以很好地完成任务。如果能按照自己的计划完成每天甚至每周、每月的任务，通过完成这些短期目标的积累，自然而然地，长远目标就会达到了。

最后，女儿的时间观念和计划能力在不知不觉中得到了提高，使她成为一个会合理安排学习、生活和工作的人。

我相信这个习惯不仅陪伴了她的高中阶段，也会陪伴她一生。而且，这个好习惯也许会让她在将来的工作和生活中，井然有序地达到一个又一个更高的目标。

英语学习，听力是关键

英语属于语言学科，学习规律跟学母语一样。我们每个人学母语的时候都是从"听"开始的，所以，学英语，先过听力关非常重要。

女儿从小到大没有参加过补习英语的课外班，只在高一考托福之前让老师辅导了几次托福考试的技巧。但是她的英语却一直学得很好，高中三年英语成绩一直名列年级前茅，高考也取得了不错的成绩。

我知道，女儿英语学习取胜的关键是首先过好听力关。

女儿从小学一年级正式开始学英语起，每个学期拿到课本的同时，都带回来与课本配套的磁带。我就是从那时候开始训练女儿的听力的。每天晚上女儿一上床，我就把小学课本配套的磁带放进录音机里开始播放。一般，磁带播一面也就半小时，这半小时的英语带子播放完，女儿也差不多睡着了。这样，第一天晚上听A面，第二天晚上听B面，两面都听完了，再来回听。这种训练，我是有意的，女儿并没有认真去听。但是，女儿却能在即将睡着的迷迷糊糊中听过多次之后，把一册书的课文全部背诵下来，并模仿磁带的声音，发音很标准。

更为可喜的是，因为女儿把一册书的课文都提前背会了，到老师讲解的时候，她就只剩下记单词的任务了。所以，到真正跟着老师学课文的时候，她的作业量就比同学们少了许多，轻轻松松地就完成了。

这样晚上一上床就听磁带的习惯，我们一直保持到高中阶段，只不过上了中学以后，女儿已不满足听课文磁带，而开始听《新概念英语》了，高二时，女儿已经反复听过了《新概念英语》的二、三、四册，且能轻松地用英语会话了。

从"听"开始学英语，只是我一时的一个念头而已。女儿小时候每天睡前都要听故事，无论是我讲给她的，还是录音机放给她的，听过几次以后，她都会一字不差地复述下来。上小学以后，她开始自己读书，不用听故事了，我就把听故事的时间换成了听英语，没有想到效果会这么好。

英语属于语言学科，学习规律跟学母语一样。我们每个人学母语的时候都是从"听"开始的，刚出生的婴儿学说话的时候，哪个不是还不会发声就听大人在耳朵边天天说的。因为听得多了，到两三岁的时候就能把话说得非常好。孩子的模仿能力都非常强，只要听明白了，他就会照着说出来。所以说，学英语，先过听力关是非常重要的。

因为从小训练听力，女儿高中阶段的听力考试几乎每次都得满分。而且，听力训练的是英语阅读的语感。女儿说她的英语语法其实学得挺糊涂的，每次考试之所以得高分，就在于她的英语语感特别好，尤其是完形填空，一溜读下来，每次都能仅凭语感把考题做对。

我训练女儿听力的方法还有一个，就是和她一起看英文电影。

女儿小学四年级的时候，班里转来了一位从新加坡来的女孩，很快就和女儿成为好朋友。这个女孩喜欢看电影，她的妈妈怕她回国后把英语丢掉，就经常买英文原版的电影光碟给她看。女儿和这个同学一起玩耍的时候就一起看英文电影。后来她便要求我也给她买一些自己在家看，于是我开始给女儿买英文的电影光碟。慢慢地，养成了习惯，我和女儿每个周五的晚上都要看一部英文电影，起初我们看有中文字幕的，后来索性连字幕也不要了，在我实在听不懂的情况下，女儿就给我做翻译。

英文电影的对白更加口语化，而且语速相对来说也要快得多。孩子看得多了，英语的口语水平会得到很快的提高。有时候我非常惊讶于女儿的领悟力，就算电影对白里的英语单词听得一知半解，也能通过画面明白讲的是什么内容。

看英文电影的习惯一直持续到女儿上大学前。不过，到女儿高中以后，我就不再陪她一起看了。记得高考时，考英语的头一天晚上，她还看了一部轻松的英文电影。

对于孩子，获益的事情一旦养成了习惯，家长就可以"退居二线"了。只有从一种习惯中获得好处，孩子的积极性才会自然而然被调动起来，随即他便会自动保持。女儿通过听英语录音和看英文电影，英语成绩一直保持在年级的最前面，且不断受到该方面的嘉奖。因为不断尝到甜头，女儿到高中以后就更主动地训练自己的听力。

高考前的两个月，女儿还从网上购买了高中三年英语课本配套听力的MP3文档，拷贝到她的MP4播放器里随身携带，只要一有时间就听。用她的话说，到高考前，她已经把高中三年的英语课本背得滚瓜烂熟了。其实，考试考什么？不就是考孩子们平时学过的东西吗？万变不离其宗，高考出题的依据就是课本，只要把课本听懂了、背熟了，所有学过的单词都掌握了，英语考试的成绩也就差不到哪里去了。

当然，要学好英语，练习听力只是一个非常基础又重要的方法，相信每个孩子都有更加适合自己的方法。女儿在高中阶段还阅读了不少英文原版的书籍和文章，我想这对她的写作和词汇的积累等方面，帮助也是非常大的。

认真对待每一套考卷

考试的目的就是要让没有被掌握的知识点暴露出来。认真对待做过的每一套考卷，弄懂每一个题目，就能很好地掌握所学的知识；在分析试卷的同时，也能摸出高考出题的规律，并总结出适合自己的应试技巧，把握高考的主动权。

高考结束后，我帮女儿整理她用过的那些资料，看到许多她做过的试卷。我随手翻了翻，发现几乎每套卷子都有用笔描过的痕迹，有的竟然用几种颜色的笔标注过。她说，她高三时把考试卷子当作复习资料的一部分，来回翻看，所以便有了那些记号。

非常高兴女儿到高三的时候能沿用我以前教给她的这个方法，并收到了好的效果。事实上，在女儿从小的学习中，我就一直鼓励她用这种方法。每次考完试，我都不太关注卷面右上角的那个数字，而是让女儿认真分析试卷，把考场上蒙对的题目和做错的题目摘出来，研究问题出在哪里，并把这些题目整理到错题本上。

一直以来，我还告诉女儿不要把考过的试卷丢掉，包括单元测试、月考的试卷。高一、高二的时候，每次期中和期末考试之前，她除了复习课本上的内容之外，还会把之前做过的卷子重新翻一遍，并且重点复习错过的题目。

高三，学校几乎每周都要组织统练，每天老师发的作业也是从不同渠道收集整理来的试卷。女儿因为养成了习惯，总是把做过的卷子分科整理在不同的透明塑料文件夹里，考试前就专门抽出时间翻阅这些试卷，尤其是认真对待那些没有做对的题目。

高三阶段的每一次考试，都可以说是高考的一次练兵，尤其是到了最后阶段，应该说老师让学生做的每一套考题都会覆盖高考的知识点。更何况，孩子所做的题目里，还有大量历年的高考真题。因此我觉得，孩子要认真对待所做的每一套考卷，对于每一道自己没有把握的或者不会的题目，通过自己认真读课本或者在老师的帮助下，做到融会贯通，一段时间下来，不会的知识也就慢慢掌握了。而且，认真分析和研究高考真题，不仅能很好地掌握所学的知识，还能让孩子自觉或不自觉地发现高考出题的规律，并通过自己的总结，掌握一些应试技巧。如此时间长了，就能很好地把握考场上的做题速度，并合理安排各个题目占用的时间，不至于出现做不完的情况。

老师是一样的，复习的节奏也是一样的，为什么有的孩子就学得非常好，有的孩子就学得稀里糊涂？这一定跟孩子自身的学习方法有关系。也许别的孩子还有更好的学习方法，但我总感觉，对于应试来说，认真对待每次的考试卷子，是个不错的方法。

每一次考试都可以说是"火力侦察"，目的就是要让那些没有被掌握的知识点暴露出来，然后有针对性地复习。前一次考试就是后一次考试的镜子，认真分析总结，扬长补短，下一次考试必然会有进步。

如果说试卷是不错的复习资料，那么试卷上的错题就是提高成绩的突破口。做好每一套试题，做对每一道错题，定能取得考试的好成绩。

这个方法在别的孩子身上也得到过验证。

2010年3月，我去郑州出差，同行的一位朋友说她弟弟6月份就要高考了，却还在为成绩如何提高而犯愁。我问了问大致的情况，她说她弟弟的底子本来不差，就是高三综合复习的时候摸不着路子了。

我说："你弟弟现在肯定每天都在做老师发的卷子吧？"

她说："可不是吗，我春节回家的时候，看他每天都在做卷子，做得都快吐了。"

我说："那就对了，每个参加高考的学生都会大量做卷子。但是你要告诉他认真对待每一套卷子，把所做的卷子里的每一个问题都弄得清清楚楚，不图量多，但一定严把质量关。你想想，要是他在这几个月里每一科都认真做50套卷子，我估计所有的知识点他就都掌握了，高考能考不好吗？"

那位朋友非常认同我的建议，立即打电话把这个方法告诉了她弟弟。据说她弟弟听了非常兴奋，觉得找到了突破口，后来用这个方法学习，成绩提高不少。

看样子，认真做好每一套考卷，是个不错的复习方法呢。

最好的学习方法是勤奋

女儿能在高三短短一年的时间里突破自我，最终以优异的成绩进入北大，除了自己琢磨出了一套好的学习方法之外，无疑跟她一年的勤奋和刻苦有很大关系。

高一、高二的时候，女儿喜欢在周末睡懒觉，通常不叫她的话，她会睡到10点以后。我虽然有早起的习惯，却支持女儿在周末多睡一会。总觉得升高中以后，孩子的睡眠严重不足。高中三年，女儿从周一到周五都是6点10分就起床了，"奋战"一天后，晚上往往11点左右才能上床休息，满打满算也只能睡7个小时。孩子正是长身体的时候，这点睡眠时间压根就不能满足需要。心疼，可又没有一点办法。想让孩子学习好，又想让孩子多睡觉，鱼与熊掌不可兼得。无奈，我们只好在周末让孩子恶补睡眠。

升入高三，学校对作息时间进行了调整，周六也开始到校上课。这样，孩子的休息就只剩周日一天了。然而，就是在这一天，女儿也不肯再睡懒觉了。

因为已经习惯了，也因为孩子的高三更加辛苦，我和先生还是主张孩子在周日的早晨多睡一会，以保证下一周能够精力充沛。可女儿不干，高三一年，她每周日只比平时多睡一个小时左右，平日早6点10分起床，周日她要求我7点左右叫她。吃过早饭，去北大的自习室上自习，中午就在北大食堂吃午饭，一直到晚上6点左右才回家。

高三一年，女儿给自己的放松时间就是周六晚上，她不看课本、不写作业，而是在网上看一集美剧《吸血鬼日记》。其实，这看似在放松，实际上还在练习英语口语和听力。

高三一年，女儿的周末都是在北大的自习室里度过的，她之所以不在家学习，是觉得家里的环境诱惑太大。她说如果在家里，就一会儿想在床上躺一躺，一会儿想吃点什么，非常耽误学习。而自习室非常安静，大家都在专心学习，氛围特别好，在那种环境里，想不好好学习都难。

每周六晚上睡觉前，女儿都会把周日要完成的任务写在她的小本上，周日学习的时候，按部就班地做，每完成一项就在小本上画个钩。如果碰到北大的百年讲堂有好的演出，她还会留出时间去看。虽然时间很紧张，却也基本做到了张弛有度，劳逸结合。

功夫不负有心人，女儿通过一个学期的努力，高三第一学期的期末就由进入高三时的年级第14名，冲到了年级第5名，排到海淀区的第50名左右，直逼北大、清华的招生条件。

总听身边不少朋友为孩子不爱学习发愁，我们则很少有这样的困惑。而我们所做的也只是培养了女儿对学习的热爱，帮她树立了远大的目标，并做她追梦路上的支持者。后来我明白到，只要孩子内心的动力被激发起来，他自己就会非常勤奋地去努力。女儿在高三阶段，我和先生根本就不用管她的学习，她自己都会安排得非常好。

记得曾经看过一个育儿观——不想让孩子做什么，就想办法让他做个够。很长时间我都不太明白这句话的含义，直到女儿高三的时候我算是有了深刻体会。高三一年，我们越是让女儿玩，她越不玩；越不让她学习，她学习得越起劲。

高三那个寒假，我们为了她能彻底放松一下，就带她出去玩了几天。回来她就马不停蹄地开始学习，说要把玩出去的时间补回来。

事实上旅游回来，我和先生还告诉女儿在假期里应该稍微放松一些，别太紧张了。其实我们是担心她身体吃不消，也担心她到备考后期不能保持旺盛的精力。女儿说："我只有在每天完成了任务的情况下，才会觉得放松，也只有完成了任务我才会觉得精神百倍。你们不让我去上自习，不让我看书，我的心里非常紧张，那样我的身体才会出问题呢。"

看女儿说得铿锵有力，又看她的学习状态很好，我们只好支持，努力做好后勤工作。每天早晚，我都尽心尽力，为女儿做好可口的饭菜；先生只要没事就一定接送女儿，做好她的"马车夫"。

曾经听到一个理论——"弯道超车"，说的就是利用假期里别的同学都在休息的时间，加劲学习，并对平时的功课查漏补缺，等开学的时候你就会赶上甚至超过过去比你强的同学。

女儿很好地验证了这一理论，她在高三一年很好地利用了节假日，别的同学还在睡梦中的时候，她已经在北大自习了，也正缘于此，她实现了对自己和他人的一个又一个超越。

女儿并不是特别聪明，高一、高二的成绩也并不突出，甚至在高一的时候还处在中下游的水平。能在高三一年的时间里突破自我，最终以优异的成绩进入北大，除了自己琢磨出了一套好的学习方法之外，无疑跟她一年的勤奋和刻苦有很大的关系。

"书山有路勤为径，学海无涯苦作舟。"这句话之所以被传颂，因为它是真理啊！

做孩子
心灵花园的好园丁

处于青春期的高中孩子，

因为自身成长和学习环境等压力，情绪会反复无常。

家长想办法缓解孩子的压力或者疏导孩子的情绪，

做孩子心灵花园的好园丁，

不断"浇水""施肥"，

对孩子顺利度过高中阶段帮助非常大。

"躺平"孩子的崎岖之路

心理疾病跟生理疾病一样，都是"病来如山倒，病去如抽丝"，万万急不得。我们需要先理解和相信孩子，在此基础上带着耐心一点点满足孩子的心理需求，陪着孩子慢慢走出困境。

近年来家庭教育领域出现了一个高频词——躺平。所谓"躺平"的孩子，指的是有些孩子对什么都没有兴趣，不想上学，也不想出去玩，房门一关待在里面，你不知道他在做什么，也没有办法跟他沟通交流。

这几年我接待的青少年多半都是这样的孩子。最让我震撼的是我曾经带领过的一个父母团队，50多位父母中就有21个家庭中的孩子处于"躺平"的状态，这些家长都非常抓狂，面对孩子的状况无所适从。在进入团队学习之前，他们会指责孩子，觉得孩子有问题。当他们学习了一段时间之后，又开始自责，觉得孩子的问题都是自己造成的。家长们会发现无论是指责孩子还是指责自己，都非常无力，不能支持到孩子。

其实绝大多数家长只看到孩子外在的行为，想要让孩子变回过去的样子，或是像别的孩子那样。殊不知，"躺平"只是这些孩子应对压力的一种方式，他们复杂的内心需求往往被家长忽视了。

景枫是我的来访者，我见到他的时候他正在上高二，现在是大学三年级学生，还担任班长一职，并负责校学生会工作。高中时他就是待在家里不出门，甚至出现了自残的行为。

景枫的父母都是老师，很重视他的学习，投入很多精力帮助他。景枫小学时学习很好，以优异的成绩考入他父亲任教的初中。

为了方便景枫上下学，父母买了学校旁边的房子，周末他去学校上自习也便利。他说他的整个初中，周一到周五就跟同学一起在学校学习。周末的时候，父亲为了让他专心学习，还让他去学校自己的办公室里自习。

景枫描述在空荡荡的学校和教学楼里，仿佛就他一个人。他时常感到孤独，也有丝丝害怕，但从来没有想过不去那里学习，因为他觉得父亲是对的，教学楼的确很安静，是个学习的好环境。实在无聊的时候，他就唱歌，自己跟自己对话。

景枫说他就这样熬过了三年初中，考上了心仪的高中。

考上高中后，学业压力变得特别大。

因为从小的教育和父母的灌输，景枫认同了母亲提出的考上"985"或"211"高校的目标。一直处于高标准要求下的景枫，一时很难面对高中学习难度的陡增和无法取得好成绩的无力。为了学习成绩能够保持在年级前20名，景枫所有的课余时间都在补课，周一到周五晚上甚至周六、日几乎全部安排满了，完全没有自由支配的时间。

景枫感觉压力越来越大，开始睡不着觉。他说自己每天晚上躺在床上透过窗户看着月亮星星升起，再看着月亮星星落下。有时会上着课突然想哭，然后就去卫生间哭一场，哭完了再回到教室继续学习，课余时间照旧去上补习班。但他明显感觉到自己很难集中注意力，学习效率也非常低下。

景枫对自己的要求很高，就算如此痛苦，还是选择坚持。实在坚持不下去了，才告诉了父母自己的状况，当时父母非常震惊，觉得他不应该是这样的，爸爸甚至觉得他就是矫情。

景枫达不到自己对自己的要求时，本身内心就很挫败、自责。父母和老师却不理解，依然觉得他就是没尽全力，对他提出了更高的要求。正是父母的高标准和"孩子还有进步空间，还能更努力"的思想让他们与老师沟通后继续施压，这成为压垮骆驼的最后一根稻草。高二开学，景枫终于崩溃，没有办法再去学校。

没办法去上学，景枫又不接纳自己的状态，内心更加内疚和自责，觉得自己跟别人不一样，也觉得自己给父母添麻烦了。

这时候父母才带他找当地的心理咨询师，景枫说："在咨询师那里把伤口刚盖上，回家又被父母揭开了。"

景枫的父母不明白孩子的抑郁需要很长时间才能好转，他们觉得太慢了。他们认为，允许他不上学了，也带他去看心理咨询师了，他就应该很快好起来。景枫的父亲在看到景枫依然颓废的状态时甚至动手打了他。

我接触到的父母绝大多数也是这样，他们以为孩子只要一接受心理咨询就应该立马好起来。

景枫看到父母的焦虑和不理解，内心变得绝望，开始割腕自残。妈妈心疼得直哭，爸爸则依然斥责他。

景枫跟我描述，唯一可以安慰的是他接触到了汉服，认识了一群汉服爱好者。在网上跟同样热爱汉服的年轻人交流沟通，大家互相理解、互相支持，景枫虽然还是不能去上学，但心里没有那么难受了。

我就是在这个时候见到景枫的，他特意从外地来到北京做咨询。有一次，他穿着汉服来见我，我记得那一次见面，我们聊了一会儿关于汉服的知识，他给我眼前一亮的感觉。可惜的是因为景枫家在外地，我们只见了三次就终止了咨询。

"躺平"的孩子们是因为没有办法应对巨大压力，无奈之下才做了这样的选择，这个选择往往并不是他们想要的。我跟孩子们聊他们每天玩游戏的情况，绝大多数孩子都表示并不是真的喜欢游戏，而是找不到别的事情。他们看上去无所事事，实际上一刻也没有停下寻找让自己舒服一点的办法。景枫找到的是汉服，开始研究汉服的历史和文化；有的孩子找到的是Cosplay，开始画画或者装扮自己；还有的孩子对健身产生兴趣，走出游戏每天去健身。不同的孩子会寻找不同的解脱途径，不一而足。

景枫父母一直不能接受儿子的状况，但同时又担忧着儿子的健康，后来他们带着景枫去了北京大学第六医院（精神科医院）做了量表测试，诊断结果是重度抑郁症和中度焦虑症。到了此刻，父母才真的承认自己的儿子病了，把儿子当作病人看待，不再逼他即刻好起来，也彻底放下了对学业的期待。后来父母做了决定，既然这个病让景枫不开心，那就想办法做点快乐的事情，所以在假期带着景枫去旅游，一家人彻底放松地相处了一段日子。

景枫说，当父母改变了对他的态度后，他才开始慢慢放松下来，逐渐接受自己。

新冠疫情开始后，景枫开始在网上复学。

升入高三后，学校要求全体同学都要线下复学。景枫原本还害怕同学会因为他休学在家那么长时间而对他另眼相看，但当他怀着忐忑的心情进入教室，发现同学们都没有特殊反应时，他彻底放松了下来，开始重新进入学习状态。

经过了一年多的折腾，景枫的爸爸妈妈心态彻底发生改变，对景枫考学的期待几乎完全放下了，做什么事情也只是想让他开心，告诉他想怎么学就怎么学。景枫的状态也空前放松，完全没有了学业的压力，反而学得很顺利。

景枫告诉我他运气特别好，遇到一个非常好的语文老师，不施加压力，还找他谈心。语文老师告诉他如果其他作业多，就不用写语文作业，看到他状态不好的时候，还会把他叫到办公室安慰。景枫说他高三时确实偶尔不写语文作业，但听课的专注和用心达到了极致，所以语文成绩一直保持在100~110分，好的时候能考120分。

景枫的数学成绩很差，高考前三个月，他觉得自己的数学还有很大的提升空间，于是在母亲的鼓励下找了补习老师，一对一辅导。当时的心态就是能学多少学多少，最后数学成绩也不错。

景枫说他在高考前觉得生活紧张又美好，没有任何恐惧和焦虑。和同学们之间也是互相支持，感觉不是一个人在努力。

景枫总结他一路走过来的历程，觉得父母的状态是影响他的最大因素。他觉得之前父母的高要求和控制是他"躺平"的主要原因，休学后父母的不理解和指责是他越发绝望的因素。到了高三，父母没有了过去的焦虑和控制，他也不再焦虑和恐惧。他特别强调，从小到大，妈妈的状态对他的影响更大些，因为妈妈不开心的时候，他也不能开心。那是一种非常纠缠又痛苦的关系。

他感慨道："每个人都有上限，能力的上限和承受压力的上限。我们都要接纳自己的平凡，父母也要接纳孩子的平凡。这并不是说我们就不能挑战自己的上限了，而是我们要在接纳自己的基础上，以良好的心态挑战。毕竟，没有什么比身心健康更重要了！"

如今景枫在大学里感觉生活既充实又有价值，有时候他还会去参加汉服秀，他觉得那是他的热爱，也是他对中国文化传承的使命。他说如今的自己接受平凡，追求向上，但不追求完美。人生观彻底发生了改变。

景枫说："轻舟已过万重山！"

特别感谢景枫同意我把他的故事讲出来，他的心路历程基本能代表所有"躺平"孩子的内心过程。

美国心理学家维吉尼亚·萨提亚有一个基本信念，那就是

"问题不是问题，如何应对才是问题"。

景枫之所以出现状况，就是因为之前压力大到他没办法承受，正如他自己所说，每个人都有能力的上限和承受压力的上限。他的父母就是忽略了孩子的实际情况，给孩子设定了超出自身能力的目标，才使得孩子喘不上气来。而且可以看出，从小到大，景枫一家把学习这件事看得比天大，忽略了对孩子生命中其他方面的关照，比如情绪、人格以及生活技能的养成等。如果孩子的生活只有学习这一件事情，像一台学习的机器，他便没办法感受生活的乐趣，更别谈找到人生的价值和意义了。

如果我们的孩子出现了类似的情况，家长首先要接纳孩子"躺平"的状态，并透过孩子的表现了解孩子是如何成为这样的。心理疾病跟生理疾病一样，都是"病来如山倒，病去如抽丝"，万万急不得。我们需要先理解和相信孩子，在此基础上带着耐心一点点满足孩子的心理需求，陪着孩子慢慢走出困境。

与孩子沟通要讲求"有效"

家长要肯动脑筋，真正了解孩子的需求，变换自己的沟通方式，就不怕和孩子无话可说，亲子关系的和谐也就不是问题了。

　　女儿从小就跟我关系很好，有什么事都愿意跟我说，我也很以此为荣。然而女儿升入高中以后，我明显感觉到她跟我聊天的内容有了保留。具体保留了什么，我也说不清楚，反正不像小时候那样，只要是发生在她自己身上的事情，回家都跟我汇报一遍。先生就更"不幸"了，女儿上了高中以后，他俩三天一大吵，两天一小吵，总是爸爸说一句，女儿有十句在那里等着。先生为此很郁闷，有时候气得说自己养了只白眼狼。

　　多亏提前就进行了学习，知道了青春期孩子的一大特点就是

"叛逆"，而且叛逆是孩子成长过程中身心冲突的重要表现。我虽然表面上安慰先生和自己想开点，等孩子长大懂事了就会好起来的，但心里还是有一点酸楚，毕竟"小棉袄"即将脱去的感觉并不那么温暖。

后来，我们努力调整了交流方式，这种状况才有了改善，我们家的沟通重新变得流畅起来。

女儿高一第二学期的一天，先生出差了，我和女儿在家吃晚饭，我们一边吃一边有一搭没一搭地聊着家长里短。吃过后，我没有去收拾碗筷，女儿坐在我的对面，继续跟我说着最近发生在周围的一些事情。我们从家里的事情谈到爸爸妈妈的工作，还谈到了同学之间谈恋爱的问题，等等，不知不觉就过了一个多小时。这是女儿上高中以后跟我聊天聊得最久的一次，也是聊得最深入的一次。

后来我发现，要想跟女儿深入交流，只有我和她两个人的时候才能聊得很好，先生在场时效果便不好。开始我还纳闷，试了几次后我就明白了，原来三个人一起的时候，其中两个人的谈话总被第三方插入，而且第三方的观点又往往跟另外两个人或者一个人不同，容易引起争执。争执发生后，家长又往往会出于习惯维护自己的立场。于是，"战争"升级，结果也总是不欢而散。

问题的症结找到后，我就和先生达成共识，只要遇到需要跟女儿沟通的事情时，就由我跟女儿交涉，先生则负责做个"开心果"，只要讲讲笑话、开开玩笑，逗女儿开心就好了。

我总结了一下，之所以我能跟女儿沟通得比较好而且有效一些，大致有以下几点原因：

一是"大耳朵，小嘴巴"。

别人家的妈妈都是家里说话的主力，我这个当妈妈的在家里却说得不多。在这个年轻人的信息和词语日新月异的时代，我总觉得自己的脑子反应慢半拍。所以女儿每次跟我说话的时候，我总要非常耐心地听她说，并跟着她说的内容应和一些简单的词汇，如"哦""然后呢""下面呢"，而很少对她所讲的问题发表评论，更不去批评她。有时候听到兴奋的地方，我会激动地抱着女儿又亲又笑。我想，大概是我这个忠实的听众极大地满足了女儿的演讲欲和倾诉欲吧，所以她有什么事都喜欢跟我说。

其实，要家长从指导者的角色转换到听众的角色，确实有点困难，因为这是十几年来养成的习惯。先不说别人，我先生就是这样的。每次一跟孩子谈论问题，他总是争着表达他的看法，并尖锐地跟孩子争辩，然而，青春期的孩子自我意识非常强烈，内心又十分渴望被认同和接纳，于是父女二人往往话不投机，说不了几句便谈崩了。

如果我们反复用无效的方法与孩子沟通，孩子的逆反心理会越来越强，严重的还会影响亲子关系，导致日后孩子在人际交往中的沟通障碍。与其这样，不如家长换个方式跟孩子相处，真的会有"柳暗花明又一村"的感觉。

二是关注孩子的感受，也表达自己的感受，并开放式地提问题。

这是我在心理课上学到的一招，就是看到孩子有问题的时候，先表达自己的感受，然后问她怎么看。

有一次，我看到女儿回家后情绪很低落，就试探着问："宝贝，妈妈看你今天闷闷不乐的，有些担心哦，是遇到什么事情了吗？"

"张静跟她男朋友分手了！"

"哦，没有听你说过，到底是怎么回事？"

女儿的话匣子一下子打开了，跟我唠叨了半天好朋友失恋的事情。唠叨完，心情也舒畅了，进屋写作业去了。

把孩子的情绪指出来，表明妈妈细心地关注到了她的低落情绪，这是同理心的一种表现，对孩子的心理首先是一个安慰。同时我也表示了对她的担心，让孩子觉得妈妈在乎她的感受，也更加愿意袒露心声。而且我问的是"遇到什么事情了吗"，而不是"你怎么了"，这是对事不对人的态度，孩子会感觉比较舒服，所以才愿意敞开心扉。

三是在融洽的氛围里，跟女儿随意地交谈。

自从女儿晚上跟我分房睡觉以来，每周末都要跟我睡两个晚上。小的时候总是我给她讲故事，她会读书以后，我们喜欢双双靠在床头，两人各自看书，或者我躺在那里听她给我念书。

上了高中以后，女儿自动把两个晚上缩减为一个晚上。每次我俩躺下，我都会在关灯后跟女儿聊一会儿天。因为人在躺下后，身心都很放松，交流起来也非常顺畅。女儿的好多小秘密都是在周五的晚上跟我一起睡觉时，被我"套"出来的。

我也偶尔会在接女儿放学或者饭后散步的时候跟她聊聊天，不聊正经的话题。虽然都是一些鸡毛蒜皮的小事，但从中可以了解到孩子的许多想法。

四是和女儿分享自己的成长经历。

女儿上高中以后，有很长一段时间数学成绩怎么也提高不上去。一次考完试回来，女儿眼睛红红的，我刚搂着她的肩膀还没有说话，她就放声大哭，跟我说她对自己的数学已经彻底绝望了。

我找出一张皱巴巴的成绩单递给她，她看了以后马上破涕为笑。那是我高二时的一张成绩单，是我几年前在父母家里收拾东西的时候偶然发现的，上面语文、英语、地理、历史等成绩都在90分以上，唯独数学只有可怜兮兮的70分。

看她笑了，我就给她讲我高中时学数学的一些情况。这个70分还不是最差的，高一时我最低考过45分，当时我的心情跟女儿也差不多。后来参加高考，虽然我的数学成绩依然不是很好，但别的科目成绩不错，所以还是考上了大学。

听完我的经历，女儿对她的数学成绩总算释然了。

虽然所处的时代和环境不同，但是孩子的心路历程哪个家长没有经历过？孩子的困惑我们也曾有过，孩子的喜悦我们也曾体验过。只要把自己的经历和感受与孩子分享，孩子是乐意听家长讲的。

在我家，还有一个常用的交流方式，就是书信。

说起来，这还是女儿一个小小的创举呢。女儿小学二年级的时候，奶奶从老家到北京来看病。我和先生每天要上班，还要来回跑医院照顾奶奶，女儿觉得受到了冷落，很不高兴。

一天，我和先生回家后，发现卧室的床上放着一张折叠好的纸条，打开一看，是女儿写的："为什么奶奶来了以后，你们就不管我了呢？"这句话的后面还画了一个哭得非常伤心的小女孩。

先生受到启发，在家里的墙上挂了一个有三只口袋的收纳袋，然后在每个袋子外分别贴上"爸爸信箱""妈妈信箱""女儿信箱"的标签。并宣布，以后谁有什么心里话要对某个人说，就写好信放到对方的信箱里。女儿非常喜欢，刚开始的时候频频给我们写信，我们也很诚恳地回信。后来女儿功课日益繁重，家庭信箱里的信就越来越少，到最后索性就没有了。

女儿升入高中以后，看问题有了自己独特的见解，父女间的交流便出现了小小的障碍，先生就又想起了这个方法，虽然没有再专门建立信箱，但是爸爸和女儿之间又有了书信来往。有的时候，爸爸会把想说的话写成信放到女儿的书桌上，女儿看到便会给爸爸回信；有的时候吵完架，女儿会把一封厚厚的信丢到爸爸的枕头下面。

书信虽然古老，却不失为一种有效的交流方式。面对面交谈，如果意见有分歧，人很容易情绪激动、言辞激烈，不能准确表达自己的意思。这样一来不仅沟通无效，还会彼此伤害。而在理智的情况下，把要说的话写成动之以情、晓之以理的文字，往往能打动对方的心。有几次，女儿就因为看到爸爸言辞恳切的信而潸然泪下，爸爸有时也会因为女儿的文字而向女儿诚恳地道歉。在我看来，他们俩用文字斗来斗去，不仅交流了情感，还让女儿练习了写作。

虽然高中的孩子有许多奇怪的想法，也很叛逆，但是我们只要肯动脑筋，真正了解孩子的需求，"屈尊"变换一下自己的方式，跟孩子沟通就不是问题，亲子关系的和谐也就更不是问题了。

尊重，亲子和谐的前提

家长要充分理解和尊重孩子，把孩子当成一个有独立人格的人，平等地对待，这样才能促成亲子关系的和谐，也才能让孩子成为一个有独立见解且富有自我价值的人。

　　女儿是个蕙质兰心的孩子。在她的房间里经常能够发现可爱的小东西，尤其是那些小本子。没事的时候，我爱翻看她的那些摘抄本、随笔本等，欣赏本子里印的精美图画的同时，也被优美的文字和语句所感动。这于我，可以说是一种享受。

　　一天，我在收拾女儿房间的时候，发现桌上又多了一个精致的小本子，随手翻开，只见扉页上赫然写着"家长自重"四个大字，后面还跟着三个大大的反复描过的感叹号，于是我赶紧把本子合上，从此再也不敢动这个小本子了。

随即，我明白了女儿的这个小本子里藏着秘密，而且这些秘密不希望被我们发现。女儿没有把小本子藏起来，说明她是信任我们的，然而还是有些不放心，所以才写了几个字特别做了提醒。当时，我在心里一笑：小孩就是小孩，以为仅凭几个字就能挡住家长偷看？不过，我还是忍住了，始终没有打开那个本子，里面到底有什么样的秘密，我到现在也不知道。

尊重孩子的隐私是个老话题了，但却鲜有家长能够真正做到。作为多年从事教育工作的人，我非常注意孩子教育过程中的细节问题，并努力践行着正确的教育观。第一次面对女儿的秘密，我心里还是犹豫了一下，不过马上就恢复理智了，女儿拥有了自己的隐私，说明她真的长大了。

话说回来，家长只要用心，孩子有没有小秘密，是能够感觉到的，而且，如果家长和孩子关系好的话，孩子终有一天会把他的秘密告诉家长。因此，家长大可不必"偷偷摸摸"地去了解孩子，而应该把精力放在搞好和孩子的关系上，充分理解和尊重孩子，让孩子把父母当成自己信任的人，这比什么都重要。

在这点上，先生也做得很好。有一段时间，他每周末都在北大听课，女儿在北大上自习。一天中午，他和几个同学吃饭的时候，远远看见女儿和一个男孩在一起。他当时觉得挺生气的，认为女儿在谈恋爱，但是他很理智，并没有打扰女儿，怕她尴尬。

可是心里却很犯嘀咕，一回家就跟我说了这事。我们讨论后达成一致，由我出面跟女儿谈交友的问题，但坚决不提他在北大看到的一幕。后来，女儿在一次聊天时告诉我们，她平时跟几个同学一起在北大上自习，有个男生有北大学生食堂的饭卡，她就把钱给了那个男生，也用他的饭卡在食堂吃饭。这么一说我们就明白了，其实许多时候，女儿是和好几个同学一起去北大上自习且一起吃饭，先生看见的那次，正好就他们两个去吃饭了而已。

多亏先生当时保持了理智，也多亏我们没有小题大做，这件事情就这么平平稳稳地过去了。如果我们不分青红皂白地质问女儿是不是谈恋爱了，那女儿的心里该多么难过，后果会是多么难堪，我真的不敢想象。

现在的中学里，男女同学之间的交往非常正常，一个女生和一个男生单独在一起不见得就是谈恋爱。再说，就算真的恋爱了，家长也不能采取极端的手段，也得"和风细雨"，在尊重孩子的基础上解决问题。

有一次女儿告诉我，她的一个好朋友跟她说自己特别想离家出走。我问为什么，女儿说她朋友的家长怀疑她谈恋爱，就掐断了家里的网络，没收了她的手机，节假日也不允许她出门找同学玩。

我可以理解这位家长的心情，毕竟都是女孩的家长，担心谈恋爱影响学习，担心女孩谈恋爱"吃亏"，这都正常。但是在处理这件事的方法上，却值得商榷。如果事情并不是家长所想的那样，而家长硬生生地把一切和外界联系的通道都堵上，这是非常不尊重孩子的表现，很容易引起孩子的逆反心理，没准会"弄假成真"。如果真如家长想象的那样，比较理智的办法是尊重孩子的选择，但是要把家长的看法告诉孩子，并告诉孩子恋爱是个严肃的事情，要把握好界限和分寸。

我一直觉得，女儿总能时不时地把她的心里话跟我说一说，跟我们平日对她的尊重有很大的关系。从女儿上小学开始，家里凡是有关她的决定，我们都会跟她商量，她同意了才会进行。有一段时间，我看别人家的孩子都在学电子琴、钢琴，也特别想让她学一种乐器。商量了好几次，她都坚决不同意，我们便尊重了她的选择，没有逼她。等她上了高中，看到周围好多同学都多才多艺，非常羡慕，表示上大学后有机会一定补上这一课。但因为她明白小时候是自己选择不学的，所以从来没有埋怨过我们。

就我所知，许多家庭都会定一些规矩让孩子遵守，可为什么有的家里的孩子就十分愿意遵守规矩，而有的家里规矩虽然很多，孩子却很少能执行，或者"屡战屡败"，规矩时时有，犯规也时时有？其实这取决于规矩是亲子之间商量后制定的还是家长一厢情愿制定的，往往前者的效果好，后者的效果很差。

尊重孩子的个性，尊重孩子的隐私，尊重孩子的选择，尊重孩子的话语权……家长把孩子当成一个有独立人格的人，平等地理解、尊重、信任孩子，孩子也会理解和尊重家长的行为和言语，而这互相尊重的结果就是亲子关系的和谐，同时，孩子才能长成一个有独立见解且富有自我价值的人。

爸妈的拥抱很受用

高中时期的孩子，生理、心理都处于快速成长期，本身就充满了矛盾，需要尽情地释放，再加上升学的压力、人际交往的压力等，就特别需要父母的关爱、理解和支持。

心理学课上，一位老师说："如果你不想让女儿早恋，那就让她的爸爸多抱抱她。"这位老师研究青少年问题多年，他说，他对多位"早恋"的中学生进行过调查，当被问及为什么要恋爱的时候，90%的女孩都会说，是因为迷恋异性温暖的怀抱。

受传统观念的影响，孩子到青春期时，跟家长之间的关系就很少像小时候那样亲近了。对于孩子来说，生理上的快速发育让他们有了成熟的感觉，然而在心理上，他们却还处于半成熟的状态，在面对许多复杂的矛盾和困惑时，依然希望得到成年人的理解和支持。这时，家长的一个拥抱可能比言语上的支持和鼓励效果更好，因为真诚的拥抱可以传递发自内心的爱和力量。

我听到这些话时，女儿刚上高二，而且刚刚经历了一场失恋的痛苦。

我回想起了先生和女儿间的情况。女儿小时候，我先生非常疼爱她，她也很依恋爸爸，他俩经常打打闹闹。但随着女儿不断长大，先生跟女儿的身体接触就越来越少了，他再也不像女儿小时候那样，动不动就把她抱起来转圈了，女儿也很少腻在爸爸怀里了。当时我觉得很正常，认为女儿已经长成大姑娘了，不再跟爸爸那么黏是自然而然的事情。

回家后，我对先生讲了专家的话。探讨的过程中，我认为女儿谈恋爱，可能跟他和女儿的疏离有关系，并让他以后保持和女儿的亲近。他将信将疑，但表示可以试一试。

一天，女儿放学回家后，先生跑过去对女儿说："来，宝贝，让爸爸抱抱你，看看还能抱得动吗？"女儿竟然乖乖地笑着让爸爸抱着她转了两圈，脸上绽开了幸福的笑容。

从那以后，先生和女儿一起出门的时候，会搂着女儿的腰或者把手搭在她的肩上，有时候在家里也会亲亲女儿的脸蛋。后来，他们父女一起走路时，女儿喜欢挽着爸爸的胳膊，要是一家三口出去,女儿就会一边挽着爸爸,一边挽着我。我在书里看过,这样温馨的亲子关系会对孩子将来与人交往,尤其是与异性交往有非常大的帮助。仔细想想也是,在我的记忆里,我和父亲很少有身体接触,这导致我后来和男性交往时都非常不自在,不仅是亲密关系,就连正常的交往也会有尴尬的感觉。

我一直无法完全相信那位专家说的话,也一直没有确证孩子和异性家长的拥抱是否真的可以推迟孩子的恋爱时间。但是,有一点可以确定,家长跟孩子之间的拥抱、抚摸等亲昵动作,是可以让亲子关系更加融洽的。

不得不说,做家长的也要学习,而且要不断地学习。我自诩是个学习型家长,但也总是在孩子成长的不同阶段遇到一些措手不及的问题。不过只要肯虚心学习,就会多一些理智,少一些迷茫。

我曾经参加过一个"走进青春期——亲子关系工作坊"的课程。课上,来自加拿大的指导老师也专门提到了家长和孩子间亲密接触的重要性。她说,家长和孩子经常有肢体上的亲密接触,可以避免孩子出现许多问题,包括过早恋爱、迷恋电子游戏等。有一天下课时,她给大家留了一个作业,内容就是回家后试一试拥抱孩子、抚摸孩子或者亲亲孩子,看看孩子的反应,让大家第二天谈谈自己的感受。

大多数家长跟我家以前一样，随着孩子逐渐长大，家长和孩子之间的亲密接触也越来越少。带着这个作业，家长们回家后都做了实验。

第二天上课的时候，家长们各自进行了描述：

一位妈妈说，她早晨叫16岁的儿子起床时，亲了亲儿子的额头，没想到儿子起床的速度比平时快了许多。还有一位妈妈说，她回家以后抱了大儿子，结果小儿子便嚷着也要妈妈抱他。

家长们都觉得非常神奇，并且表示自己能感觉到，孩子们对父母的亲密接触是渴望的，而且感觉非常好。

一位爸爸谈到自己女儿的时候，竟然哭了，他说他很多年都没有跟女儿这么亲近过了，他自己就能感觉到那份温暖，相信女儿也一样。这位爸爸是因为女儿变成了"问题少女"，才夫妻双双走进工作坊学习的。

回想我们自己，平日里夫妻间的一个拥抱或者亲吻，就会让我们心情大好或者尽释前嫌。工作压力大的时候，家人的一个拥抱也会让我们觉得获得了精神上的支持。

心理学上有一种说法，就是爱有多种语言，其中一种给人以力量的爱的语言就是"亲密接触"，这种语言在亲密关系中具有非常神奇的力量。高中时期的孩子，生理、心理都处于快速成长期，这一时期本就充满了矛盾，需要尽情地释放，再加上升学、人际交往的压力等，此时他们特别需要父母的关爱、理解和支持。既然"拥抱"的力量如此神奇，那么作为孩子最亲近的人，我们为何不多给孩子一些呢？

妈妈更需要自信快乐

无论妈妈是职业女性还是家庭妇女，都要让自己自信快乐，因为自信快乐的妈妈会营造温馨、积极的家庭氛围，更何况，自信快乐的妈妈本身就是孩子学习的好榜样。

女儿高中三年，要说我作为家长哪里有所失误的话，就是我辞职回家做了几个月的"全职妈妈"。

女儿即将升高二的时候，我从工作单位辞了职，回家做了所谓的"全职妈妈"。当时就想着，女儿高二了，学业也到了关键时刻，我回家正好可以好好照顾她的生活。过去上班朝九晚五，每天晚上下班回到家，女儿已经到家了，常常我一进家门她就问："妈妈，咱们吃什么？我饿了！"那时候为了让女儿快一点吃上饭，我总是草草地做一点，或者索性就叫外卖了。看到周围有的孩子因为家里有老人帮忙或者妈妈在家，一放学就能吃上热乎乎的饭菜，心里总觉得对不住女儿，于是在先生的支持下，我下决心辞职回家。

刚回家的时候心里还挺放松。每天，我都把家收拾得干干净净的，下午早早就把饭做好了，等着他们回来吃。白天空闲的时候，要么看看自己喜欢的书，要么拨通闺密的电话八卦，要么上网聊天。起初，先生看着一尘不染的屋子赞不绝口，女儿吃着香喷喷的饭菜啧啧称道。被人夸奖，我心里也美滋滋的，原来"相夫教子"是这么简单。

可是没过多久，我就发现"全职妈妈"不是想象中的那么回事。

看了一段时间书以后，就觉得有点烦，不想再看了；跟朋友们打过几次电话以后就不好意思再打了，因为人家都忙，怕打扰人家。关键是每天打扫屋子、洗衣、做饭，先生和女儿也习惯了，认为我既然每天待在家里，理所当然地应该把这些都做好。于是，早晨他们走了以后，我不得不收拾沙发上先生脱下的脏袜子，不得不洗女儿床上扔着的换下来的内衣。而这些在我上班的时候，他们都会尽自己最大的努力，该洗的洗，该收拾好的收拾好。我突然有一种被当作保姆的感觉，后悔、生气、委屈、恼怒等情绪一股脑地把我包围，让我透不过气来。

随后，我变得非常爱唠叨，活脱脱成了一个过去连自己都不屑的"怨妇"；先生变得挑剔了，回家总东挑鼻子西挑眼的；女儿变得不听话了，觉得我天天唠叨她，她都要烦死了。本来以为，我闲下来家庭氛围会更好一些，对女儿的成长会更加有利，而眼前的这一切，都事与愿违，跟我们原来的设想背道而驰。

我突然惊醒，我们的家庭系统出了问题，而根源就是我待在家里"无事生非"。我发现，做一个高中孩子的"全职妈妈"跟做一个婴幼儿的"全职妈妈"完全不同，婴儿每天跟妈妈在一起，需要妈妈全程的陪护，所以妈妈是充实的，也会因为孩子的成长而充满成就感。而我做"全职妈妈"的时候女儿已经高二，她每天一早就出门了，晚上回家吃过饭就回自己的屋子写作业。先生也非常忙，有时候晚饭都不在家里吃。而他们不在家的一整天，我所面对的是家里冰冷的四面墙壁，没有交流的对象，没有有意义的事情可做。晚上他们回到家，本来想跟他们聊一聊天，可是他们都很忙，不给我机会。所以，有一段时间我非常郁闷，觉得自己好像成了被遗忘的角色，就快受不了了。

我强烈地想改变这样的生活状态。于是，我静下心来审视自己的需要和应该做的事，重新调整了生活节奏。

许久以来我就很想学习一些自己喜欢的东西，但都因为忙碌没有行动，这次有大把时间了，为何不去报几个班听听课呢？所以，我开始学习心理学和关于亲子的课程，还找朋友要了人民大学国学系的课表，挑喜欢的课去听讲。闲下来的时候，我还组织三五好友一起去郊游，并开始做兼职……逐渐地，我又找回了自己的价值，重新焕发了活力，家庭氛围也恢复了融洽、和谐，和女儿的沟通又变得顺畅，女儿也变得听话了。

我很庆幸自己很快就调整了过来，重新收获自信并快乐了起来，没有影响到孩子的情绪。有的妈妈就因为没有处理好自己的问题而影响到了孩子。

有位妈妈本来在外地工作，儿子跟着爸爸在北京上学。因为儿子考上了一所重点高中，她也觉得应该照顾孩子的生活，于是向单位请了长假，专门到北京照顾孩子的学习和起居。刚刚到北京，她也没有什么朋友，每天就在家给孩子做饭。因为她是专门来为儿子服务的，所以她的注意力都集中在儿子身上，十分在意儿子的表现，还死死盯着儿子的学习情况，儿子考好了她就高兴，考不好她就特别生气，甚至到了儿子高三时还是这样。她的这种表现让儿子压力非常大，总怕学不好对不起妈妈。又因为压力大，总是不能放松身心，导致越想学好越学不好，越学不好妈妈越生气。这样的恶性循环使得母子俩都非常疲惫。

这个儿子的性格偏内向，所以妈妈的"全神贯注"只是让他郁闷，导致学习状态出现问题。而有的孩子个性比较强，对妈妈的"过度关照"容易产生逆反情绪，结果会更加糟糕。

现在陪读现象很普遍，陪读的妈妈因为放弃了自己的工作和家庭生活，一心一意为了孩子考学而来，往往更加容易焦虑。然而大家不明白的是，家长的这种焦虑会感染到孩子，影响孩子的情绪和学习。

我的一位同学也是陪读妈妈，她的时间是这样安排的：周一到周五的每天上午9点到11点去练瑜伽，中午给儿子做饭；为了打发下午大把的时间，她买了许多毛笔字帖，午饭后午睡一会，起来就开始练习写毛笔字，然后看一会书或者上网看看新闻，这样完成下来差不多又到了给儿子做晚饭的时间了；晚上看一会电视。间或，遇到好的电影她也会去看。这些事情加上日常琐事，她说比在单位上班还要紧张、忙碌。由于妈妈的日子过得充实而又快乐，孩子也非常放松，学习状态自然就好了。

我们都觉得，孩子到了高中，家长应该抽出更多的时间陪伴，所以，不少人像我刚开始一样把工作辞掉，回到家中，专程陪读。后来我悟到，其实高中的孩子已经能够很好地照顾自己的生活了，家长只需要提供必要的帮助即可，没有必要专门在家照顾他们。我身边也有许多妈妈从事着非常重要的工作，每天都很忙碌，但孩子却非常优秀。

有一段时间，我兼职做着一份工作，大约有半年的时间经常在外地出差，女儿的学习也没有受影响，生活也打理得井井有条。还有一段时间，我经常在周末去上课，女儿还学会了做几道简单的菜呢。

一位全职妈妈跟我说，她的儿子好像觉得她每天在家待着挺丢人似的，总跟人说她是某保险公司的讲师，其实那是她以前的职业。可见孩子并不希望自己的妈妈待在家里，而是希望妈妈有一份体面的工作。

妈妈就是家庭的核心，妈妈的状态直接影响着家庭的氛围。而且妈妈跟孩子在一起的时间也相对比较多，所以对孩子的影响也大，尤其是在情绪方面，处理好了，会对孩子有帮助，处理不当，便会影响到孩子。作为过来人，我感觉无论妈妈是职业女性还是家庭妇女，抑或是"陪读"妈妈，都要让自己自信快乐一些，因为自信快乐的妈妈会营造温馨、积极的家庭氛围，更何况，乐观自信的妈妈本身就是孩子学习的好榜样。

家长平常心，孩子也放松

孩子人生的路很长，高考只是对前一阶段的总结而已，并不能代表将来的成就和幸福。面对高考，家长首先要保持一颗平常心，只有家长的心态放平了，孩子才没有压力，考试的时候才能轻松上阵。

女儿上高中后，我加入了北京市海淀区一个家长群，这个群里家长的孩子绝大多数都来自同一个年级，大家经常就孩子们各种各样的问题聊得不亦乐乎。孩子们高一和高二的时候，群里相对比较平和，大家大多时候就是在闲聊。孩子们一上高三，群里的"空气"一下子就紧张起来了。妈妈们开始讨论让孩子吃什么样的健脑食品，如何给孩子做保健按摩，还有的妈妈给孩子买了多种保健食品……好像孩子们原来是普通的丫头和小子，上了高三立刻就变成了娇贵的小姐和公子。

有位妈妈更出位，一天她在群里"绘声绘色"地讲："我每天给儿子吃两种水果，一个星期不重样；我每天让儿子吃两个核桃；我每天早晨叫醒儿子，让他在被窝里喝一杯温开水再起床……"说得群里众妈妈一片唏嘘，许多人都觉得自己做得太不够了，下决心从明天开始就要像这位妈妈一样给孩子做这做那。虽然隔着手机，我也仿佛看到了那些妈妈们个个摩拳擦掌的样子。

　　我算了一下，每天两种水果，一星期就得吃14种水果，迅速在脑子里过了一遍我经常去买水果的市场，却怎么也凑不出14种水果来。于是就问那个妈妈到哪里能买到那么多品种的水果，她说普通水果市场没有那么多，得到大型超市里买些进口水果或者反季节的水果。

　　"我不会给我女儿吃这么多的。"虽然我从心里小小地"鄙视"了一下自己的吝啬，却依然我行我素。女儿在高三期间，我没有为她做特殊的饭菜，没有给她准备特殊的水果，也没有给她买过保健品，她依然学得很好、很轻松。

　　如今生活质量高了，饭桌上的食物本来就很丰富，无须添加太多额外的食品。而且无论吃什么，无非是让孩子补充他每天所需的蛋白质、维生素、碳水化合物等物质。要想做到这一点，只要每天的饭菜荤素搭配合理，水果、坚果都有，孩子的营养摄取就没有问题。

关键是，这些额外的补充，看似是家长对孩子的关心，实际上对孩子造成了一种巨大的压力。吃着父母准备的好东西，享受着父母的特殊关照，孩子就从内心感受到家长寄予的过高期待，在这种期待下，孩子时常被担心、害怕、内疚、绝望等情绪困扰着，这些感受交织在一起，时间长了就会导致过度焦虑。许多高三以后有焦虑情绪的孩子认为，他们之所以出现这种问题，往往不是父母对他们的关注不够，而是父母的过度关心所造成的。

另外我还担心，像这位妈妈那样把孩子当"皇帝"养，孩子习惯了这种生活，等他上了大学离开父母以后怎么办。我正想着，就有另外一个家长提出了同样的疑问，那位妈妈说："也就他上高中要高考我才这样'服侍'他，上了大学，我才不管他呢！""就怕你儿子上了大学自己连吃饭都不会了呢！"另一位妈妈说话了。

这位妈妈的"唯高考论"非常过分，而且最终会害了孩子。2003年，媒体就报道过，中科院博士生魏永康因为生活不能自理被劝退回家，二十多岁又重新学习如何生活。这样的悲剧不是比考不上大学更让人心痛吗？

我承认高考重要，然而孩子人生的路很长，高考只是对前一阶段的总结而已，并不能代表将来的成就和幸福。我们做家长的最有发言权，看看身边的朋友，有多少人现在的工作和生活与几十年前的高考成绩有着必然的联系？所以在高考这件事情上，家长首先要保持一颗平常心，把高考当作孩子求学路上的一次练习或者摸底即可。只有家长的心态放平了，孩子才没有压力，考试的时候才能轻松上阵。

另外，即便是到了高三，孩子能做的事情还是要让他自己去做，家长不要包办代替。从长远来看，只有生活品质和学习品质都优秀的孩子，将来才会有出息，才能被社会认可，而那些"高分低能"的人终究会被社会淘汰。

少一些责备，多一些理解

相比那些从小学习成绩就一般的孩子，曾经学习成绩优秀的孩子更容易受挫。这个时候，最能给予关注和支持的只能是家长，毕竟我们才是孩子最重要的人，也是最亲近的人。

有许多家长时常问我：

孩子小时候成绩很好，上了中学以后排名靠后，就没有学习兴趣了，怎么办？

孩子考入了重点高中，现在成绩一般，很没自信，怎么才能帮助他呢？

孩子以前学得很好，现在却不好好学习了，我感觉他对自己的前途不负责，该怎么办？

孩子本来是尖子生，上高中后就不学习了，说学习没用，我该如何劝他?

……

其实,类似的问题在我家两代人的身上都发生过。

一个人便是我。我从上小学一直到初中毕业,考试从来都没有出过前三名。初中三年更是几乎包揽年级第一,唯一的一次年级第二还是因为考试在操场上进行,我被太阳直接晒晕了,导致分数低了一些。中考也是在全县独占鳌头,考入了省首批重点中学——我所在地区最好的高中。结果高一的第一次期中考试,我就遭遇了"滑铁卢",数理化全线崩溃,物理最惨,只有45分,班级排名只在几个"共建生"的前头。仅仅两个月,中考的光环还没有褪去,就遭遇了这样的打击,我当时真是又焦急又挫败,不知道如何是好。记得中考之后,我哥跟我说:"小妹,如果你能一直保持初中的成绩,就可以上北大清华了。"然而一次考试就让这句话成了泡影。

成绩下滑的事情我不敢告诉家里人,因为中考时大家都建议我上中等师范学校,理由是女孩子当老师是不错的选择,而我自己坚持要上高中、考大学。但是以那一次期中考试的成绩来看,我连考大学的希望都渺茫了。

于是,我开始一边拼命学习,一边又每天抽出一定时间来写日记,在日记里诉说自己的烦恼、给过去的老师同学写信,以排解内心的冲突。现在看来，那些信之所以写在日记里，其实是写给我自己的，我把日记本当作一位很好的倾听者，每天诉说之后，便觉得内心释然了许多。

这样的状态直到高二分科后，我摆脱了恶魔一样的物理和化学，心态才慢慢变得阳光，自信也才慢慢建立起来。

分享这段亲身经历，是想告诉大家：孩子自身的生命能量很强大，他们本身就有自愈的能力。家长的放手和信任就是对孩子最好的支持。我当时的学习成绩下滑很厉害，家人对我没有任何指责和挑剔，他们甚至压根就没过问我的学习，我便自行解决了问题。我的父母不懂教育，所以从来不问，远离家乡在外地上学的哥哥们也因为忙而顾不上管我。

第二个人便是我的女儿。女儿中考以优异的成绩进入市重点北京一零一中学，却在高一连续几次数学都考了倒数，总排名在年级中下游。

因为自己的亲身经历，我特别能够理解女儿。同时，我深知考试成绩并不能决定一个人成败，也相信我的女儿会渡过难关。所以，我不仅没有着急责备女儿，还拿出了自己高中时候的成绩单给女儿看，让她了解妈妈也有同样"惨烈"的经历。幸运的是，女儿拥有我和她爸爸这样的家长，虽然每一次看到成绩单时也会不可避免地冒出挫败感，但是有了爸爸妈妈的支持，女儿的高一并没有太难过，我们全家一起想办法，互相打气，帮她度过最低谷的那一段时间。

我曾经遇见过一位非常优秀的姑娘，她讲起自己小时候的事情依然觉得不堪回首。她上高中时，情况跟我女儿很相似，学习成绩开始变差。她的妈妈十分着急，总是说孩子没有好好学习，但其实她已经很努力了，可不管如何努力，成绩就是上不去。她妈妈不能理解她，而且用恶劣的话语伤害她。这个姑娘记得最清楚的，是妈妈对她说："你真是给我丢脸！你这样还不如去死好了！"她妈妈是个非常优秀的人，而且很要强。

于是，这个姑娘就从自身比较擅长的方面入手，写文章发表在各种报刊杂志上，也在学校做主持人等。她做这些的目的，就是希望妈妈能够看到她的努力，也希望妈妈能够认可并接纳她。她说自己多么希望妈妈能在考试结束后抱抱她、安慰她，温柔地对她说一声："孩子，考不好也没关系。"虽然她其他方面都做得很好，事实也证明了这些长处如今都变成了她的立身之本，但是当时她妈妈依然只盯着每次考试的成绩，不断地责备她。所以，这个姑娘在高中的时候曾经想了断自己的生命，因为在遇到困难的时候，连她认为最可依赖的妈妈都不能理解自己。

在"学习好便一好百好"的评价系统里，相比那些从小学习成绩就一般的孩子，曾经学习成绩优秀的孩子更容易受挫，因为他们曾经是众星捧月、集万千宠爱于一身，自我价值感超好。一旦学习成绩下滑，同学老师的关注点再也不在自己身上了，失落、沮丧、挫败、着急、焦虑、无助，诸般情绪让他们不能自拔。同学不能给予无时无刻的支持，因为同学之间本来就存在竞争关系；老师要面对几十甚至上百个孩子，也不可能照顾每个学生的情绪，这个时候，最能关注也最能支持到孩子的只能是家长，毕竟我们才是孩子最重要的人，也是最亲近的人。

家长要做的首先是接纳孩子。人生的路不可能一帆风顺，对孩子来说，挫折并不完全是坏事，也可以是成长的机会。所以，在接纳孩子人生辉煌的同时，也要接纳孩子人生的挫折，在孩子遭遇挫折的时候，依然送上无条件的关爱和支持。如果真的希望孩子好，就该在包容孩子的基础上，问问孩子需要家长做些什么来帮助他，毕竟家长只能做家长可以做的。如果孩子表示并不需要家长的帮助，那么家长就应该相信孩子，让他以自己的方式帮助自己。

放松的最好方式就是笑一笑

温馨的家庭给予孩子的除了物质上的支持，更重要的是能让孩子在家里获得欢声笑语，从父母那里获得快乐。

对任何一个人来说，家都应该是他的避风港，是他疲惫之后的休憩场所。在家里，能找到支持，可以肆无忌惮，可以彻底放松。对于一个在思想上和行动上都即将"离开"父母的高中生来说，父母为他提供一个温馨和谐的家庭环境责无旁贷，这是他轻装上阵的基本保障。

在我的深层意识里，温馨的家庭给予孩子的，固然包括让孩子获得美味的饭菜和时尚的运动鞋等物质上的支持，但最重要的是能让孩子在家里获得欢声笑语，从父母那里获得快乐。

女儿小的时候性格开朗活泼，经常拉着我们跟她一起玩，我们乐得陪同，因此，女儿的童年非常快乐。然而升入中学尤其是高中以后，随着自我意识的增强和同伴关系的发展，再加上课业负担的加重，女儿对我们的依赖逐渐减轻，跟我们一起娱乐的时间也越来越少。到了高三阶段，女儿每天忙于应付高考，跟我们在一起的时间就更少了。我明白，越是这个时候，她越需要家里欢乐轻松的氛围。这个时候我们在学业上已经不能帮她的忙了，但是可以在精神上帮她解压。

一天傍晚，我在厨房忙着，女儿和她爸爸在餐桌上看着报纸等着吃晚饭。突然，先生跑进厨房，对我指手画脚，一下指责我洗锅的时候不关火，一下又说我怎么把油烟机开得声音那么大，吵得他们都看不了报纸了。先生很少进厨房，而且这些毫无缘由的指责也让我丈二和尚摸不着头脑。不过我顺坡下驴，让他既然进来了就帮我把粥盛一下，或者帮我把已经炒好的菜端到餐桌上。

突然，先生哈哈大笑，对门外的女儿喊："她不上当！"我往外一看，女儿在玻璃门外捂着肚子，坐在地板上，笑得脸上开了花一样。

原来，女儿在报纸上看到一则丈夫捉弄妻子的小笑话，正好是发生在厨房的，于是就撺掇她爸爸跟我也来一次。先生听了她的话，竟然真演了起来，可惜我没有像小笑话上写的那样接茬。女儿在门外看着爸爸对我大呼小叫，我却不慌不忙的样子，笑得肚子都疼了。

在我们家，类似的"情景剧"经常上演。比如女儿在楼下摁了门铃，明明是爸爸开的门，上来后却找不到通常候在门口的爸爸，原来爸爸躲在了门后，等女儿各个地方都找了个遍，冷不丁冒出来吓她一跳。

这些看似平常的家庭小闹剧，对孩子的心情调节非常有好处。在繁重的学习过后，让孩子开怀大笑，无疑是一种非常有效的释放压力的方法。然而任何活动的要素都是人，这要求家长们要用心经营家庭的氛围。如果埋头看报纸的先生不响应女儿的撺掇，到厨房里表演，女儿必然会悻悻地，自然就不会有笑得肚子疼的效果了。

有的时候，我们也会借助道具，故意在家里营造一些轻松的活动让女儿参与。

高三的第二学期，女儿的学习更加紧张。本来商量好每晚9点由我或者她爸爸陪她到外面散散步的，但每次到了时间，她总以"算了吧，还有好多事情没做"为由拒绝掉。

起初我们拿她没有办法，明明知道几个小时一动不动地看书学习，不仅效率不高，对身体也没有好处。然而担心归担心，却不能强拉她出去。于是，她在屋里埋头苦读，我和先生在客厅毫无办法。

一次，我去买东西的时候发现了一种多功能的弹簧呼啦圈，就买了一个。同时，一个"阴谋"也在我和先生的心里筹划出来。晚上9点，我们也不叫女儿去散步了，而是一到时间，就开始转呼啦圈。因为这个呼啦圈是软的，对动作协调性的要求比较高，我们怎么都转不起来，动作未免滑稽，我俩忍不住就互相笑，却故意装作怕影响女儿学习的样子，把声音压得很低。然而，声音压得再低，她也能听见，于是，只好走出房间看个究竟。当她看到我俩滑稽夸张的动作时，忍不住哈哈大笑，还调皮地戏谑我们："有数据统计，大笑1分钟与慢跑45分钟消耗同样多的卡路里，你们俩每天晚上转一转呼啦圈，我就不用去跑步了。"这个小家伙，她哪里知道，这是爸爸妈妈为了让她能轻松一下，专门设好的"局"。

于是女儿开始和我们一起玩呼啦圈。看着她协调自如地把呼啦圈转得越来越好，我们由衷地夸赞她，为她拍手称快。转呼啦圈运动量不小，用不了一会，女儿就会出汗。不知不觉，就会过去半个小时，女儿轻轻松松就锻炼了身体，而且一阵玩笑过后，她的心情也快乐了起来，吃吃水果，喝喝奶，又重新投入到学习中。

还有一天晚上10点多，我去接下课的女儿回家。一上车她就告诉我头有点疼，我说："我给你讲个故事吧！"

"好吧……"女儿有气无力地回答。

"有个出租车司机在路上开车时，看见前面有个人风驰电掣般地骑着摩托车，后座上的小孩差点被甩了出去。司机追上那个人说：'小伙子，你的孩子快要掉下去了。'此人听后回头一看，惊讶地问：'儿子，你妈妈呢？'"

"哈哈哈……哈哈哈……"沉默几秒钟之后，女儿发出了一串又一串的笑声。

"哈哈哈……"我也忍不住笑了起来。

"哈哈，老妈，你这哪里是故事，这是黑色笑话！"

"笑话不就是让人笑的故事吗？"

笑过之后，我再问她头还疼不疼，她说不疼了。

其实，这个笑话就是我刚刚在等她的时候翻杂志看到的，当时就觉得太好笑了，没想到正好派上了用场。

高中阶段，为了能让学习压力变大的孩子高兴起来，轻松一些，我们可以说是"处心积虑"。先生甚至还发明了一些互动游戏，既可以让全家人都参与进来，又可以让女儿乐得开怀大笑。

"笑一笑，十年少。"根据经验，人在大笑过后会觉得浑身舒畅，我特意上网查了一下，有篇文章说，一个人大笑的时候，身体会立即释放内啡肽，驱走负面情绪，可以很好地缓解压力。

看样子，作为高中生的家长，要想让孩子快乐起来，只要想办法让他笑就可以了。

面对"叛逆"的女儿

青春期孩子的叛逆行为是长大的正常表现,他们渴望被人认同,渴望体现自己在家庭和社会中的价值,因此无论在行为上还是思想上,他们都想努力挣脱家长的束缚。家长应该尊重孩子的这种成长变化,允许孩子有自己的想法,允许孩子做自己喜欢的事情。

女儿上高中后,最大的变化是变得越发"另类"且更加不听话了。

高一的一个周末,她告诉我要和同学一起去理发,我答应了,结果理回来的发型我怎么看都不顺眼。以前都是我陪她去理发店理发的。她脸小,过去一般都不留刘海,把所有的头发都扎到后面,整个脸连同额头都露出来,清清爽爽的,我很喜欢。这次女儿自己找理发师弄了个又厚又长的刘海,把一个小脸遮了一半,眼睛都被"埋"在了头发里。我没好气地问她为什么把头发理成了这样，她说好多同学们都是这样的发型。我说一个发型不见得适合所有的人，她说她就喜欢那样的。最让我生气的是，她竟然说我以后不用管她的头发，她爱理成什么样自己做主，然后摔门进了她的屋子。

女儿把自己关了起来，我进厨房做饭。手里虽然忙着做饭，心里却一直想着她的头发。她说得没错，我在学校里看到过，她有不少同学都梳着那样的发型。我也留意过，有的孩子配上这样的发型看着很漂亮，有的孩子看着就非常一般。为什么孩子们都梳同样的发型？仔细一琢磨就明白了，这个年龄段孩子的特点就是从众和追求同伴认同，女儿的表现也是再正常不过的了。问题想明白了，我心里也就释然了。

做好饭后，我去叫女儿出来吃饭。女儿出来了，依然是很不高兴的样子。我诚恳地说："对不起，妈妈刚才态度过激了。过来，再让妈妈好好看看这个发型到底好不好看。"女儿不情愿地抬起头，我说："其实也挺漂亮的，妈妈刚才大概是看不习惯吧！"

其实，当我再次看女儿的头发时，已经不像先前的时候觉得那么难看了，反而觉得有了另外一种味道。人就是这么奇怪，对同样的事情，你用欣赏的眼光看和用挑剔的眼光看，结果往往截然相反。对于孩子，如果我们时常用欣赏的眼光去看他，他就充满了优点，如果我们老是用挑剔的眼光去看他，就会觉得他这也不是那也不是。

从此以后，我再没管过女儿的发型，高中三年她的发型基本都保持这个样子，只不过有的时候会觉得累赘，用发卡把刘海别起来，重新露出她光洁的额头。

两代人因为想法不同发生的代沟冲突，还会体现在买东西等方面。所以，为了不发生冲突，女儿上高中后我基本不陪她逛商场，都是她从我这里申请经费，找同学或者她的表姐们一起搞定。

女儿上高中以后，另外一个不听话的表现是和爸爸三天一大吵，两天一小吵，总是在许多事情上和爸爸的观点相左。两个人有的时候会为了某一个问题争得不可开交，甚至女儿委屈得掉眼泪，爸爸也很生气，认为女儿不听话。

父女双方顶撞最严重的一次是：女儿和爸爸开车去买东西，我在家。过了没多长时间，女儿一个人汗津津地跑回来了。我问爸爸怎么没有一起回来，她说和爸爸吵架了，在路口等变灯的时候，她拉开车门下车跑了回来。过了一会，爸爸也气呼呼地回来了。

后来我了解到，两个人就一个历史问题，因为话不投机，竟然吵得那么严重。

刚开始的时候，对于父女俩的"战争"，我还劝女儿要尊重爸爸，不要那样跟爸爸说话，也劝爸爸让着点女儿，毕竟她还是孩子。没过多久，我就发现这种争论对女儿很有好处。她之所以对问题有不同的看法，说明她是经过了思考，而不是人云亦云的。而且每次跟爸爸的争论过后，她也会反思爸爸为什么那样说。慢慢地，她明白了有的事情无所谓黑白好坏，只是看问题的角度不同罢了。她学会了一分为二地看问题，而且说出来的观点也越来越深刻。

我把我的发现和我先生做了交流，他也很高兴。我们达成了"秘密协议"，就是他以后可以继续和女儿持不同意见，只是态度和说话的语气要缓和一些，争取让女儿得到成长的同时还不伤害她的自尊心。

于是我家的争吵到后来就变成了探讨。遇到某个事件的时候，各自都会提出自己的看法，大家一起讨论。这个过程不仅让家庭亲子关系更加和谐，也让孩子和家长共同成长。

我不赞成家长为了迎合孩子，凡事都依着孩子的意思，对于孩子的想法，即使有不同的见解也勉强表示认同的做法；我也不赞成家长一味要求孩子听自己的话，不允许孩子有自己的主张。

这两种做法，都不利于孩子的成长。第一种做法会导致孩子唯我独尊，觉得自己想的一切都是正确的。这样的孩子在父母跟前的时候，因为有父母的保护，还能事事顺利，一旦离开父母进入社会，遇到不同意见的时候，要么暴跳如雷跟人发生冲突，要么倍感挫败而不知所措。第二种做法会导致孩子没有主见，离开父母进入社会后，碰到问题往往不知道如何解决，更别提有创造性的思维了。

青春期孩子的逆反行为，其实是长大的正常表现，说明他们的自我意识在逐渐觉醒，已经不是那个凡事听爸爸妈妈话的"小屁孩"了。他们最强烈的内心需求就是被人认同，并强烈地渴望体现自己在家庭和社会中的价值。因此，他们无论是在行为上还是思想上，都想要努力脱离家长的束缚，自己掌控。这时他们表现出来的往往就是处处特立独行，处处跟家长作对，不听家长的话。聪明的家长应该尊重孩子这种正常的成长变化，允许孩子有自己的想法，允许孩子做自己喜欢的事情，并帮助孩子找到解决问题的正确方法。这样，孩子才能成长为一个乐观自信且有责任心的人。

别给孩子贴上负面"标签"

如果总是重复一句话，那么这句话就会产生很强的暗示作用。因此，家长在和孩子说话的时候，一定要注意用词，多一些赞美的话，少一些批评的语句。

    一次去接孩子，碰到了一位快言快语的妈妈，一见到我就跟我说："若辰妈妈，听说你是什么什么师，你说我儿子怎么办啊？他怎么那么懒！我都快急死了！"

    我说："我跟你一样，是孩子的妈妈。你儿子怎么懒了？"

    她说："都高三了，我儿子每天晚上还是八点半就睡觉了。"

    "他以前几点睡？"

    "一直都是八点半。"

    我说："那说明你儿子一直就是这习惯，怎么就说他懒了呢？"

"可是别人家的孩子都可以十点、十一点睡，他怎么八点半就睡觉了呢？而且老师老给我打电话，说我儿子不写作业。"那位妈妈显然非常着急。

"那么你是怎么跟儿子说的呢？"

"我每天都说，儿子，你别那么懒行不行啊？马上就要高考了。或者说，儿子，你那么懒哪里能考上大学啊！可他还是那么懒。"

那位妈妈的儿子我是见过的，跟我女儿同班，很阳光、很精神的一个小伙子，见人老是笑眯眯的，很讨人喜欢。开家长会的时候，老师也点名批评过他，说班里只要有不交作业的，就准会有他。但是老师也说，他成绩并不差，只是再用功一点的话，会更加优秀。

从内心来说，我其实是挺欣赏这个小伙子的。高三能早早睡觉，成绩还不差，说明他潜质很好，也说明他把课堂和学校的时间利用得非常好。至于不写作业的说法，谁也没有规定只有写家庭作业才能学好啊。对某些孩子来说，额外的作业就是浪费时间。要是我女儿能每天晚上八点半就睡觉，还能学习很好的话，我真的会非常非常高兴的。事实上，我每天都非常心疼女儿睡眠不足，担心她的身体吃不消呢。

不过，我非常不认同那位妈妈跟孩子说话的方式：一方面是，她不仅没有看到自己儿子的优点，还把他跟别人家的孩子做比较，这本身就会引起孩子的反感；另一方面是，她给儿子贴了个负面的标签，不断暗示他"很懒"。

于是我说："你的儿子不是真懒，而是被你说懒的。"

"怎么是我说的呢？他向来就那么懒的。"

"如果总是重复一句话，那么这句话就会有很强的暗示作用。你总说儿子懒，而且反复去说，最后儿子就真懒了！所以，你以后最好不要再说他懒了。另外，中学生最希望得到父母的肯定和认可，你越说他好，他就会越好。你每天说他考不上大学，到时候他真给你考不上大学，你怎么办啊？"最后一句话，我是半认真半开玩笑说给她听的。

"真的啊！那我从今天开始再也不说他懒了。以前每天都说，我确实能看出儿子不高兴。"

"以后别再说他懒了。你告诉你儿子，说老师给你打电话了，夸他最近的作业完成得比前段时间好多了。但有个前提，就是你在说的时候要真心觉得你儿子好！其他的你就每天做好后勤工作，让儿子吃好喝好就行了。"

过了一段时间，又碰到了那位妈妈，她激动地跟我说："若辰妈妈，真是神了。我儿子最近变成十点睡觉了，老师也没有再给我打电话。你知道吗，我看着儿子十点睡觉，真是又高兴又心疼啊！"她可真是一位可爱的妈妈。

我笑说："忍一忍你的心疼吧，等高考完了再让你儿子好好睡！"

就我的感觉，那个男孩子之前一定也知道自己应该抓紧时间好好学习，只不过自制力稍微差了一些而已。这时，如果父母给他一点支持和鼓励，他的潜力就会被激发出来。然而，他妈妈每天都说他懒，等于给孩子贴了个"懒"的"标签"，天长日久，孩子心理受到了暗示，再加上内心对妈妈的反抗，于是就真的变得越来越"懒"了。虽然妈妈的话是在刺激儿子，希望儿子勤奋起来，然而儿子每天听到的是"懒"，这使得结果适得其反。

有人说："一句话反复说四十遍，就会变成真理。"可见是有道理的。

有的家长还时常把"笨"挂在嘴边，这跟说孩子"懒"是一个道理，说多了，孩子就会患上心理学上所谓的"诱导性智愚症"，真的以为自己是个笨蛋，觉得再怎么努力都不会有好成绩，于是学校里便出现了许多"破罐子破摔"的孩子。

最近接触到几个家长，都是刚一开口就说自己的孩子有心理疾病，仔细一问，才知道不过是恋爱了或者是学习成绩出了点问题，导致孩子情绪稍微有些波动而已。这样"小题大做"的判断如果让孩子感觉到了，一定会产生非常不好的后果。

在女儿成长的过程中，我们真的很少在她面前对她有负面的描述，恰恰相反，我们会尽可能地夸他。她小时候做事情，每逢受到夸奖就会扬扬自得，然后更加认真地把事情做得更好。长大后，如果我们还"赤裸裸"地夸她，她就会说"还当我是三岁小孩呢？知道你们在哄我"。于是，我和先生就经常通过相互之间的对话来间接地表扬她，并想办法让她听到。比如有的时候我们会这样："宝贝昨晚十一点多才睡的。""是呀，太刻苦了！"或者"女儿把洗衣机里的衣服都洗了。""真的？我还说我回来洗呢。她可真是长大了！"

这些赞美女儿的话，无疑也是给女儿贴的"标签"，让她非常受用。这对她的暗示作用是积极的，于是她会越来越好。

有位家长找到我，说她的儿子非常叛逆，经常玩游戏玩到半夜才睡觉，白天睡到中午才起床，不愿意去学校，为此她非常烦恼。她说，讲道理对她儿子来说就好比对牛弹琴，如果骂他，她儿子就跟她对着干。因为这个家长是外地的，不方便直接来我这里做咨询，于是我就给她出了个主意，让她再也别说、别骂儿子了，每天就找找她儿子身上的优点，拿个本子记下来。每天都找，坚持一段时间看看效果。过了一段时间，这位家长给我留言，说她找了儿子许多优点后，再看儿子的时候觉得他挺可爱的。而且虽然她并没有做什么，但儿子却主动跟她说他想好好学习了。

虽然这个妈妈没有做什么，但她看儿子的眼光由原来的挑剔变成了欣赏，当她开始欣赏儿子的时候，儿子感受到了，于是儿子的态度发生了变化。

欣赏的力量真的非常强大。仔细想想就会发现，我们大人也是喜欢被人夸赞的。拿我自己来说，我会因为先生和女儿的一句"今天这个菜做得真好吃"而再去找菜谱，琢磨着做出更好的菜来；先生也会因为女儿的一句"爸爸给我买的笔可真好用"而又去给女儿买回来更好的笔。人人都爱听好话，大人尚且如此，更何况正在"塑造期"的孩子们呢？

每个人都有上进心，谁也不希望自己比别人差。高中的孩子已经是小大人了，尤其是高三的孩子，为了能考上大学，他们其实都铆足了劲儿，而且非常清楚该做什么不该做什么。家长只要在生活和精神上多给些支持，他们就会努力奋进。这时候家长在孩子的耳朵边，要么不说话，要么就说些给力的、赞美的语言，切忌给孩子贴负面的"标签"。

高中生的家长，说话一定要注意，在没想好如何说孩子的时候最好三缄其口，知道如何说的时候也要"三思而后说"。

管理情绪的最好办法是抓住症结

孩子遇到不同的问题，会产生不同的情绪，家长要找到根源，从根本上解决孩子的情绪问题。此外，还要帮助孩子学会情绪管理，让孩子的人生多一些快乐，少一些烦恼。

一位妈妈在博客里描述她女儿的情绪变化时说："女儿翻脸比翻书还快！"这话说得俏皮，也道出了众多家长的心声，于是大家纷纷留言表示认同。

我的女儿何尝不是如此。她高兴的时候会笑靥如花，但顷刻间便"阴云密布、疾风骤雨"。面对情绪变化无常的女儿，我和先生许多时候措手不及，无所适从。

我们爱孩子，总是希望孩子高兴的时候多，烦恼的时候少。然而，希望毕竟只是希望，孩子有自己的生活，许多时候我们左右不了发生在他们身上的事情。而经常情绪消极会使孩子长期处于焦虑和低落的心境之中，不仅会影响孩子的学习状态，对孩子的身体健康也不利。因此，我们一定要做一些事情，让孩子有一个好的心情。

在女儿心情不好的时候，我们通常会鼓励她做运动；在她哭泣的时候，我们会任由她哭个够，不去阻止她；或者她好不容易打开话匣子的时候，我们会耐心听她说话；要是她告诉我们要写日记，就说明她烦了，我们便不去打扰她，让她把烦恼写出来……

这些都是疏导情绪的方法，对调节孩子的情绪有效，可以让孩子的消极情绪暂时得到缓解。可是，这些都治标不治本，因为这些还不能彻底解决孩子的根本问题。好比一个人发烧了只吃退烧药，即使暂时把烧退下去了，但是药一停又会烧起来。因为发烧只是症状，发烧的原因是身体的某个地方有了炎症，这个时候只有对症下药，祛除病根，才不会再烧起来。

情绪也是一样，它只是一个人内心世界的冰山一角，引起情绪波动的真正原因却在看似平静的水面以下。孩子出现了情绪的波动，大约是学习或生活出现了问题，需要我们帮他们处理。最根本的办法是挖掘引起孩子情绪波动的根本原因，有的放矢地去解决。

女儿高一时，因为数理化成绩差，以致好几次考试在学校的排名都在中下游。这导致她很长一段时间情绪低落，甚至说自己没有希望了。

高中生的情绪问题，很大程度上来说，是由学业压力引起的。有不少孩子跟我女儿一样，在初中的时候学习成绩挺好的，也考入了不错的高中。结果进入高中后"高手林立"，学习成绩出现了较大的起伏，心理落差也随之而来，情绪快速地跌入了谷底。

在社会大环境的影响下，学校唯成绩论，家长也唯成绩论，"学习好便一好百好"几乎成了评价一个孩子是否优秀的标准。就算我和先生比较开明，女儿每天感受到的也是这种压力。在考试成绩一再落后的情况下，心情也非常糟糕。

每次当女儿情绪低落的时候，我都会给她一个空间让她把情绪流淌出来，然后再在观点上调整。我一再跟女儿强调，人跟人的智力本来就有差异，数理化学得不好，并不说明这个人就不好。

我也时常用询问的语气跟女儿交流："你的语文和英语成绩是不是有许多人羡慕？"

女儿点头。

我还会问："你有很多朋友，人际交往能力很强，这是否也是很多人所不具备的？"

女儿也表示认同。

这样的安慰过后，女儿的心情就会好一点。

我还告诉女儿，人无完人，就算当下考试成绩好的同学，将来也还是会碰到某方面比自己强的人。了解自己，接纳自己的不完美，以正确的心态对待生活才最关键。身边过来人的实例很多，我们一次又一次地拿出来做比较，让女儿从感性上认识这一问题。逐渐地，女儿接纳了自己学习上的不足，重新变得乐观。因为调整了心态，女儿便积极寻找解决办法，学习成绩也慢慢地上来了。

一次，我偶尔看到朱德庸的故事，觉得很感动，就推荐给女儿。朱德庸小的时候因为学习成绩差，被各个学校像球一样踢来踢去，哪个也不肯接收，这导致他非常自卑，连回到家里都把自己一个人关在屋子里。一天，父亲带他去动物园，把高大的老虎和小而机敏的猫做了对比，并告诉朱德庸，与其做一只赖老虎，不如做一只好猫。听了父亲的话，朱德庸甩掉了学习成绩不好的包袱，潜心绘画，最后成了红遍亚洲的漫画家。朱德庸的父亲用智慧的办法挖掘孩子的潜能，帮助孩子去掉内心的阴影，无疑是我们家长学习的榜样。

在我眼里，女儿只是跟别的孩子不一样而已，她身上也有许多人身上没有的优点。我接纳她的不足，也欣赏她优秀的特质。这也是我时刻灌输给女儿的观点，希望她如此看待自己和别人。

对于学习成绩，我觉得家长不仅要有一颗平常心，也要教孩子有平常心。我们应该清楚，学习本不是为了考试的，而是为了学习知识，学习过程中的收获比考试结果更重要。只有这样，孩子才不至于患得患失，学习起来也就轻松自如了。

我非常推崇一种说法："我们不是被事情所困扰，而是被看待事物的观点所惑，看待事物的观点才是影响情绪的根本原因。把心态调整好，对情绪稳定有良好的作用。"学业上是这样，其他方面也是这样的。

高中阶段，除了学习之外，孩子难免会遇到其他方面的困难，这些都会影响孩子的情绪。

据我所知，许多孩子在读高中时就担心将来念完大学找不到工作，尤其是家境比较贫寒的孩子。曾经就有家长向我求助，说孩子害怕将来找不到工作，甚至要放弃高考。这不能不说是困扰高中生情绪的一个因素。

还是要回到观点上来，我曾经跟女儿分享过一个小故事：

有位举人两次进京应考落第，又第三次进京赶考，住在一个经常住的店里。考试前两天他做了两个梦，第一个梦是梦到自己在墙上种白菜，第二个梦是梦见天下雨，他戴了斗笠还打伞。

这两个梦似乎有些深意，举人第二天赶紧找算命的解梦。算命的一听，连拍大腿说："你还是回家吧。你想想，高墙上种菜不是白费劲吗？戴斗笠打雨伞不是多此一举吗？"

举人一听，心灰意冷，回店收拾行李准备回家。店老板非常奇怪，问："不是明天才考试吗，你怎么今天就回乡了？"

举人把做梦解梦的事如此这般说了一番，店老板乐了："哟，我也会解梦的。我倒觉得，你这次是大有希望，一定要留下来。你想想，高墙上种菜不是高种（中）吗？戴斗笠打伞不是说明你这次是有备无患吗？"举人一听，觉得店老板说的更有道理，于是精神振奋地参加考试，最后居然中了个探花。

故事虽小，道理却很深刻。笑过之后，女儿确实明白了态度决定成败的道理。乐观一点，问题便不是问题，事情还会朝着我们向往的目标发展。

孩子关于就业的担忧跟身边的现实不无相关，他们也许看到不少哥哥姐姐大学毕业后无所事事，有的甚至还成了"啃老一族"。然而仔细想想我们就会发现，不是这些人没有工作可做，而是他们不愿意去做。我们国家正处于发展阶段，太多的地方和岗位缺人。只是许多人都认准了某些大城市或者某些所谓的热门职业，才导致本来"人才短缺"的现象看上去好像是"人力资源过剩"。

对于这一点，我觉得"只有分工不同，没有贵贱之分"就是很健康的就业观念，值得大力倡导。当家长的这样想的时候，不仅我们自己不纠结了，孩子肯定也不会再纠结了，因为他们知道"天生我材必有用"。如果孩子在高中阶段就能够清楚地知道自己的喜好和擅长，家长支持孩子有意识地去发展，那是最好的。如果没有那么明晰，那么朝着一个大方向去发展也不错。我觉得家长真没必要把"再不好好学习，将来就去扫大街"这样的话挂在嘴上，一来扫大街并不真的低人一等，另外也会给孩子造成很大的压力，让孩子对自己的将来忧心忡忡。

高中生会遇到各种压力，这些压力引起情绪波动是非常正常的，重要的是家长要明白孩子的情绪来源，自己先稳住了，允许并接纳孩子的情绪，帮助孩子有的放矢地去解决。我们常说："办法总比困难多。"一件事情会有多种解决办法，总有一种办法是行得通的。当孩子从牛角尖里走出来的时候，他的情绪就会变得平和。

有的孩子觉得自己的长相不够好，有自卑心理，家长除了要多找找孩子身上别人没有的优点之外，也要了解孩子这么看重长相到底是为什么。如果是为了得到别人的认同和接纳，那我们就要让孩子明白，他可以做点什么让别人更加认同和接纳自己。当孩子知道还有更多选择的时候，就会豁然开朗。

很多高中生会遇到恋爱的问题。女儿曾经失恋，我是这样跟她说的："失去一个人就表示你有更多的选择机会了，而且你可以从之前的那个人身上吸取教训，再找到最适合你的那一个。"

说到处理困境的问题，不得不再次提到阅读的好处，女儿高中时读了《苏东坡传》。苏东坡身处逆境还能保持一种乐观的态度，并写出传世之作，女儿觉得非常震撼。让孩子读书，可以解决许多问题。在家庭教育中，这真的是事半功倍的一件事情。我总觉得，女儿乐观、恬静、随和的性格，跟她读书多有非常大的关系。

每个人都会有情绪，当我们遇到好事情的时候会高兴，遇到麻烦的时候会烦恼，这些都是非常正常的。孩子也一样，遇到不同的问题会有不同的情绪表现。关键是我们要找到根源，只有从根本上解决了问题，孩子的情绪才会好转。一件事情会有多个角度，每个问题都会有多个解决方案，换一个角度去思考，也许就是"柳暗花明"。家长需要修炼自己管理情绪的能力，更要想办法教孩子树立正确的观念，让孩子的人生多一些快乐，少一些烦恼。

交 往

给孩子上好
情商教育这堂课

一个人要想在社会上表现得好，
既要依靠学识和专业技能，也要依靠社交能力。
许多时候，后者的作用更加重要。
高中孩子马上要走向社会，
对社交能力的培养刻不容缓。

挖掘偶像身上的闪光点

每个孩子都会有自己崇拜的偶像，这是成长的精神需求。我们不可能阻止孩子崇拜偶像，也不可能帮助他选择崇拜的偶像，但是我们可以帮助孩子发现他崇拜的偶像身上的闪光点，并鼓励他向偶像学习。

每个孩子都会有自己崇拜的偶像，这是成长的精神需求。只是不同的成长阶段，孩子崇拜的偶像不同。

女儿小学高年级的时候特别迷恋S.H.E，还和班里另外两个女孩组成了类似S.H.E的少女组合，经常一起唱S.H.E的歌曲，记得那时候我因为每天听女儿唱，把《Super Star》的歌词也背得滚瓜烂熟。

上中学没多久，她就把S.H.E"淘汰出局"，开始成为周杰伦的粉丝。每天从网上下载周杰伦的歌，不厌其烦地听。2008

年的五一，周杰伦在北京举办演唱会，还有一个月就要中考的女儿一定要去现场看看，我费了好大的劲才从网上给她找了两张最便宜的看台票。就算是这样，她拿到票以后，也激动了好几天。

演唱会是她和好闺蜜一起去看的，从会场出来两个人就沙哑着嗓子跟我们说："周董真是太帅了，我们要成为他的铁杆粉丝！"原来，在演唱会现场，周杰伦唱哪首歌，她们也跟着唱，兴奋了，还大声尖叫，所以嗓子都被喊哑了。两个小姑娘脸都红扑扑的，回家的路上一直在激动地描述着演唱会的场景。那种狂热的劲头，女儿从小到大我很少见到。

参加完演唱会以后，女儿不仅从网上把周杰伦的歌曲都下载到MP3里，随时随地听，而且只要周杰伦的新专辑一出来，她必定第一时间去买，还绝对要正版的；床头也贴上了周杰伦的海报；无论是周杰伦导的还是演的电影一上映，准在第一时间就去看。

起初，我跟大多数妈妈一样，对她痴迷周杰伦的行为感到挺奇怪的，因为周杰伦长得并不帅气，最早唱的那些嘻哈歌曲压根就听不明白。不过既然孩子们那么喜欢他，就说明他身上还是有许多吸引孩子们的东西，只是我们大人没有发觉而已。

于是我就在网上搜索了一下周杰伦的信息。原来周杰伦不光是歌手和演员，他还是音乐创作家、作曲家、作词人、导演。看了这些信息，我不禁对这个年轻的酷小伙刮目相看，看样子他还真是实力派。

再搜他的成名历程，发现他的星途也并不顺利。虽然他从小就会弹钢琴，但是高中毕业的时候一时找不到工作，只好在一家餐馆当服务生，因为性情木讷、经常出错而被老板扣薪水。后来开始在餐厅为客人弹钢琴助兴，最后在一次比赛中被吴宗宪发现，慢慢走到台前。

周杰伦患有严重的强直性脊柱炎，非常痛苦，但他一直克服病痛，努力工作，成就了自己的卓越。他还非常孝敬妈妈，专门为妈妈写了《听妈妈的话》这首歌，恳切动人，还被收入台湾地区的小学教材。

我越看越觉得周杰伦是可以作为女儿学习的榜样的，他的许多优秀品质和传奇经历正好能够激励女儿努力。偶像的力量比我每天的唠叨要强大得多。

一天，在车上，女儿又在听歌，我问她是不是周杰伦的歌，她说正在听《听妈妈的话》，并把耳机的一头伸到了我的耳朵边。《听妈妈的话》很大一段词是rap的形式，不知道歌词的人头一次一般听不懂，我就让女儿把歌词念给我听。听完后我故意说："我以为他是个愣小子呢，还挺有孝心的啊！"女儿便告诉我周杰伦如何孝顺，带妈妈去各地玩，还在情人节给妈妈买花，自己不在的时候还托朋友给妈妈过生日，等等。

我便问："你喜欢周杰伦是因为他有孝心吗？"

"只是一方面，当然还有别的了。"

"还有什么？"

"老妈，你可别说我是觉得他帅才喜欢他。他其实长得不帅，眼睛太小了，但是他挺有范儿的，而且他号称'中国嘻哈第一人'呢。"我明白了，这才是她喜欢周杰伦的主要原因。

周杰伦的有些歌虽然让人听不清歌词，但是嘻哈风格的歌曲节奏感很强，需要宣泄情绪的中学生应该非常喜欢。而且周杰伦酷酷的、有点玩世不恭的样子确实别具一格，估计也是吸引广大中学生的一个因素。

"我办公室有个女孩也是周杰伦的粉丝，她说周杰伦成名之前其实挺苦的。"我开始诱导她，打算和她一起挖掘周杰伦身上的其他品质。

"是吗？这我不知道，我只知道他在单亲家庭长大，家庭条件并不好。"

"我只是听了一下，也没有仔细了解。回头你上网查查，别连自己的偶像都不甚了解啊。"

"好嘞！"

回家后女儿果真上网把周杰伦的身世和成名的经历都仔细查了一遍，一边查一边说："真不容易，真了不起！"

这时候，我真的不用再多说了，女儿对周杰伦的崇拜，已经由表面触及更深的层次了，她的内心已经为周杰伦的优秀品质和奋斗精神所震撼。我想，她既然那么喜欢周杰伦，一定会向他学习的。

明星是"闪亮"的公众人物，非常容易被青少年所追崇。女儿的同学中还有喜欢林俊杰、王力宏的，也有非常迷迈克尔·杰克逊的，我认为这都不是什么坏事。青少年喜欢某一个名人、明星，就会把这个人当作自己的"精神伴侣"，不仅时刻关注这个人的动向，还会有意无意地去模仿他。对于这些，家长没必要紧张，反而正好可以利用这一点对孩子进行教育。每个人身上都有闪光点，明星也不例外，他之所以成为明星，除了舞台上的光鲜和靓丽，必然还有他为人称道、积极向上的一面。家长不妨下一些功夫，和孩子一起挖掘偶像身上的闪光点，让孩子全面地了解偶像，并以其为榜样，学习他的长处，不断完善自身。

我们不可能阻止孩子崇拜偶像，也不可能帮助他选择崇拜的偶像，但是我们可以帮助孩子发现他崇拜的偶像身上的闪光点，并鼓励他向偶像学习。我相信深爱孩子的家长们都会做到的。

亲其师才能信其道

孩子只有喜欢老师，才能喜欢老师的课，学习也才能好。家长要挖掘老师身上容易被孩子接受的优点，让孩子慢慢喜欢上老师，从而保证学习进步。

　　幼儿园和小学，如果没有特殊原因，很少有孩子会不喜欢老师，因为在小孩子的心目中，老师的话最正确，老师的地位最权威。所以女儿小的时候，如果有解决不了的问题，我就会向她的老师求助，老师总能"手到病除"且屡试不爽。中学就不一样了，随着孩子自我意识和判断能力的增强，老师在孩子心目中的权威地位逐渐降低，于是，就出现了孩子不喜欢某位老师的现象。严重的甚至会因为不喜欢某位老师的外表或做事风格，而不喜欢学习某个科目，最终导致学习成绩下滑、偏科等问题。

做过中学老师的我深知师生关系对一个孩子学习的影响，所以我一直注意对女儿做这方面的工作，培养她对老师的正确认识。

我从内心非常感谢所有教过女儿的老师，是他们把一个什么也不懂的小女孩一步步地教导成现在这个知书达理的大姑娘。所以，我在女儿小时候就告诉她要爱自己的老师，对老师要心怀感恩。上小学的时候，教师节我们会带她回幼儿园看老师，或者鼓励她给幼儿园老师邮寄贺卡。初中的时候，每年的教师节她都会去看小学的老师；高中了，也还时不时去看初中老师。如今，每年的教师节，去看望各个学段的老师已经成了她的习惯，有时候会因为时间紧张，分成两天去拜访。总之，老师在女儿心目中的地位是非常高的。

升入高中后，女儿也时不时会对某个老师有"微词"。我知道这是正常的，这说明女儿已经长大，有了自己对一个人的判定标准。不过，我还是希望她欣赏并尊重每一位老师。

于是，每次去开家长会的时候，我都很仔细地观察每位老师，捕捉他们身上的特点，回家后把这些特点转化成优点在女儿面前加以赞扬，目的就是让女儿喜欢这个老师。对于上高中的女儿，我知道给她讲老师的学识如何已经不能打动她了，她一定明白能在重点中学当老师的人，专业素养都不差，于是我有意寻找老师身上那些非学术的特质。

她的语文老师何老师胖乎乎的，而且说话语速很快，我就跟她说："你们何老师的心态一定很好，而且特别聪明。"她问何以见得，我就说："心宽体胖啊。瞧你们何老师胖乎乎的，心态一定特好。而且人家说，一般说话快的人脑子反应也比较快，不信你以后仔细观察何老师的反应速度。"

班主任于老师性格豪爽，我就跟女儿说："于老师不愧是从国外回来的，性格也西化了，看样子非常讲求平等，你能遇到这样的老师，也算是你的福气了。"

这样点评老师，就是为了让女儿发现老师身上闪光的地方，用欣赏的眼光看待老师，心悦诚服地从老师那里学习文化知识。

女儿刚上高三就跟我说，她不是很喜欢新换的数学老师。我在高三的家长大会上见到过这个老师，他是学校的教务主任，负责整个高三年级的教学，任教多年，是一位很有经验的老师。但是他有很浓重的南方口音，说话慢悠悠的，初听他讲话确实会犯瞌睡，我那天开家长会的时候听他讲话就差点睡着。

我就跟女儿说："你们熊老师估计是思维太缜密了，说话才慢条斯理的，我看他很少说错话。"

女儿说："就是因为他说话太慢了，我总是在他的课上犯困。"

我说："那好办，以后上熊老师课的时候你就挑他的错，看看他说不说错话，这样你就不会犯困了。"

后来女儿告诉我熊老师真的极少说错话。慢慢地，她对熊老师的印象越来越好，遇到问题很积极地去找他答疑。到最后，女儿对熊老师的评价是："熊老师其实人特好！"听得出来，她是从内心里喜欢上了这个老师。

我国古代的第一部教育专著《学记》就有"亲其师，信其道"的说法，意思是只有喜欢老师，才能信奉老师的说法，接受老师的教育。可见，古人就明白学生和老师关系的好坏影响着学生的学习。事实上，确实有不少孩子因为不喜欢老师而导致学习成绩不好。

一次，女儿的一个同学来我家玩，聊起学校的事情时，她说她特别不喜欢语文老师，我问她为什么不喜欢，她说语文老师说话太啰唆，而且她还特意提到她妈妈也不喜欢语文老师，她妈妈说每次开家长会的时候这个老师都说个没完。后来我问女儿那个同学的语文成绩怎么样，女儿说她其他科目学得都还可以，就语文学得最差。这是一个因为不喜欢科任老师而导致不喜欢学习该门功课的典型例子。

我要说的是，这位家长的做法也值得商榷。她也许是无意的，只根据自己的喜好跟女儿表达了她对老师的看法，但她不知道女儿对老师的排斥态度很可能就是被她强化的。

作为学生，上哪个高中可以自己决定，因为中考的时候可以填报志愿，但是到了学校以后，对老师却是没有选择权的，因为老师是学校分配给各个班级的，而不是针对某一个人的。所以，学生无论喜不喜欢老师，都要接受他，而且要接受他会从高一一直带班到高三的可能。

家长应该明白的是，孩子作为高中生，对一个新接触到的老师不太喜欢，这是正常的，因为他已经长大，自我意识增强了，有了自己的好恶。而家长还应该明白，老师也是普通人，他不可能也没有办法让所有的学生都满意。更应该明白，孩子只有喜欢老师，他才能喜欢老师的课，学习也才能好。

这种情况下，家长需要做一些工作，帮助孩子转化对老师的态度。从我的经历来看，如果孩子不喜欢自己的某位老师，家长可以从孩子的需求出发，挖掘老师身上容易被孩子接受的优点，让孩子慢慢喜欢上老师，从而保证学习进步。

与老师沟通要讲技巧

孩子上学期间，老师和家长是他健康成长的关键要素，家长一定要把握和老师的配合，共同搞好孩子的学习。

女儿在幼儿园、小学、初中时，我和老师们的互动挺多，经常了解孩子的学习和生活情况。女儿小学阶段，我还是她班里家长委员会的成员。

女儿上了高中以后，如何跟老师沟通这件事，着实让我纠结了一阵子。

上高中后，学校总是在每学期的期中考试后召开家长会，重在分析整个年级和班级的考试情况，让家长明白孩子的位置，思考如何帮助孩子调整学习方法以取得更好的成绩。

高一第一学期的期中考试后，学校照例开了家长会。成绩条发到我手里，我有些傻眼，女儿在年级排第256名，而年级总人数500多人，其中还有将近100人是中考成绩比较差，交了高额的择校费进来的。这样推算的话，她的成绩在中游，如果不算那100人，那就是下游了。

再仔细看各科成绩，她的数学排在年级第454名，在班里就是倒数了。我知道，女儿的数学从初中以来就一直是弱科。虽然初三的时候为她请了家教，她也一直花最大的功夫在数学上，但收效并不理想。女儿的数学成绩一直不能提高，就是因为我们在她小学五年级的时候贸然给她报了奥数班，严重伤害了她对数学的兴趣和信心。

初中的课程相对来说比较简单，在家教的帮助下，她中考时数学还取得了不错的成绩。但是一上高中，数学的难度大大提高，她就招架不住了，第一次就考了个倒数。我心里有些急，家长会一结束就去办公室找数学老师，想问问他女儿的数学该怎么办。当时也有几个家长围在老师那里，当我说出女儿姓名的时候，老师说："你女儿得努力啊，她这成绩实在是太差了！"然后他对旁边的一个家长说："你家的那个没有问题。"然后眼睛朝我这边看着说："她家女儿，压根就跟不上，要是再不想办法，就彻底完了。"

当时，因为家长太多，我跟老师也没有说上几句话。然而，老师短短的两句话，立马让我觉得脸上火烧火燎，心里乱糟糟的。回家的路上，我就在琢磨数学老师的话，他所谓的"彻底完了"的意思无非就是说照这样下去，将来女儿连大学都考不上。再一想，老师的话虽然直白了一些，却是事实，女儿的数学成绩确实让我担心。

我更加忧心的是回家后如何跟女儿谈她数学的问题，我明白肯定不能把老师的原话告诉她，我要做的是既让她明白现实又不打击她的自尊心，还要能激发她的自信心。

晚饭桌上，我告诉女儿我去找了她的数学老师，她的神色立刻黯淡下来，我一下就知道她已经在为数学着急了。我跟她说，数学老师说了，数学其实是挺好学的一门课，她学得不好，是因为没有找到学习数学的窍门而已。我告诉她老师建议我们找一个家教，再好好有针对性地补一补，数学一定会好起来的。女儿虽然没有十足的信心，但还是答应找一个老师。非常庆幸，后来我们找的一个老师，课讲得很好，女儿一直跟他学到高三，数学成绩也慢慢赶上了，并在高考中取得了不错的成绩。

作为一个高中生的家长，有时挺矛盾的。如果不跟老师交流，又担心老师关注不到孩子。做过老师的我知道，一般老师都喜欢好学生，对中下游的学生爱莫能助，并不是他们无心，而是他们带班都很忙，不可能每个孩子都兼顾到。女儿高一时的成绩排名就属于老师关注不到的那一类。所以我知道必须让老师注意到她，让他们有意识地在教学中照顾到她。但是找老师沟通，有时候又很受打击。老师们总是盯着缺点，你去找他，他就说孩子这里不行那里也不行。原本自己觉得孩子还挺好的，这一问反而对孩子失去了信心。在一般家长的心里，老师对孩子的评价是最具权威性的。如果没有足够的"定力"，很容易被老师的话暗示，认为自己的孩子百般不是。

找老师沟通是有学问的，而且要讲究技巧。高中三年，女儿从中下游进步到中游，再从中游进步到上游，最后考上了理想的大学。每一个阶段，针对她的学习情况，我都和老师保持着良好的沟通，而且得益于这些沟通。对于如何去找老师沟通，我这里有些心得跟大家分享。

第一，单独打电话或者单独找老师面谈。

那次家长会后，我再找老师交流时，尽量避免家长会前后人多的时候。一是因为女儿的学习成绩并不好，老师当众"赤裸裸"的表述让我有时候脸上挂不住；二是因为人太多，并不能深入就女儿个性化的问题跟老师交换意见。

第二，找老师，一个学期一两次即可。

之所以这么少，我考虑了以下几方面的因素：

一是体谅老师。因为我自己做过老师，知道中学老师的辛苦，明白他们平时的时间都很紧张。家长频繁给老师打电话询问孩子的情况，很可能打乱老师正常的工作和生活节奏。中学里老师的课排得都很满，通常一个主科的老师都会带两个班，一个星期十多节课，课余时间要批改作业，班主任还要做学生工作。每天都要早出晚归，非常辛苦。因此，我一般情况下是不会找老师的。

二是我觉得孩子大了，许多事情应该自己找老师沟通解决，锻炼解决问题的能力。所以一般情况下，学习上的事情我都鼓励女儿自己找老师。

三是我非常信任老师。每次去开家长会，几乎每个老师都在强调，让孩子有空就去找他们答疑。其实，家长找老师无非是想问问孩子的学习情况，既然他们对孩子的学习都那么上心，家长也就没有必要那么紧追不舍了。

四是凡事不在多而在有效，跟老师沟通的时候，争取一次就把问题解决。

第三，不见得每位老师都去找。

女儿高中三年，我从内心感谢每一位老师，但并不是每位老师都找过。我觉得孩子哪门功课存在问题，才去找该科老师交流一下，跟老师商量如何帮助孩子提高。而那些孩子已经学得很好

142

的科目，就没有必要再去给老师添麻烦了。我就从来没有单独找女儿的地理老师和历史老师聊过，因为女儿的地理和历史学得都很好，而且有自己一套独特的方法，我相信她只要跟着老师走，认真学，一定没有问题，所以就没有再问过老师她这两科的问题。

第四，去找老师前，先想好要说的话。

我每次跟老师交流之前，自己都先在心里"备备课"，想好了自己要说的话。老师每天管那么多孩子，时间非常宝贵，所以，我总是在跟老师打电话前把自己要表达的意思顺一遍，甚至在一个纸条上写好要问的问题，既不浪费时间又不会漏掉关键东西。

第五，跟老师说话要言简意赅，不要长篇大论。

有时候开完家长会，不少家长都觉得好不容易见到老师了，想跟老师聊聊孩子。可有的家长总是缠着老师滔滔不绝说个没完，还说不到重点。一次，就有一个家长跟老师说了半天，老师问："您想要我做什么呢？"既耽误了老师和大家的时间，到最后问题也得不到解决。说实在话，每个班几十个孩子，老师不可能关注到每个孩子的所有问题，家长跟老师交流，一方面是引起老师对自己孩子的关注，另外一方面要把问题聚焦在学习上，这样才会有效果。

第六，跟老师沟通切忌指导老师的教学。

有的家长很有想法，跟老师聊天的时候，总是给老师的教学提许多具体的建议，要求老师怎么上课，这无疑是在干涉老师的教学活动。教学有教学大纲，而且每个老师都有自己的一套多年形成的方法。家长对老师在教学上提建议，有时候老师为了照顾家长的面子，都友好地表示接受，可实际上大多数老师是抵触的，觉得家长的手伸得太长。自然大多数老师是好的，不会因此而对孩子有不好的印象，但也不排除有的老师素质较差，会把对家长的坏印象转嫁到孩子身上，对孩子的学习产生不好的影响。

一般来说，我们找老师都是为了解决孩子学习上存在的一些问题，目的是要很好地落实到孩子身上。如果高一的那次家长会后，我不对老师的话进行一番"演绎"，女儿肯定会非常沮丧，她对数学的兴趣也会再次减少，那后果我真不敢想象。

女儿高一的时候，我有一次看到她的语文老师，就问了问她语文学习的情况。老师说女儿看上去挺轻松的，但是语文学习并没有下功夫。回家以后，我跟女儿说："你们语文老师真逗。"女儿问我怎么逗了，我就说："她说她太喜欢你了，看你每天笑眯眯的，特别可爱！"女儿就问："老师没有说我的学习啊！"我说："她说你作文写得很好，总是有声有色的，高三的时候把老师讲的技巧一掌握，肯定拿高分。"女儿说："哦，那我得好好学语文了，要不就辜负老师了。"

后来女儿对语文老师的感觉一直不错，语文也学得挺好，我想跟我配合老师做她的工作不无关系。可见，跟老师交流以后如何跟孩子反馈老师的信息，也非常关键。

孩子上学期间，老师和家长是他健康成长的关键要素，家长一定要把握和老师的配合，共同搞好孩子的学习。相信每一个家长都会找到适合自己的方法，搞好和老师的关系，助力孩子的成长。

陪着女儿"找"朋友

伙伴关系是孩子社会化过程中不可缺少的因素。同龄伙伴之间的交往是平等的接触和交流，在这种交往中，孩子慢慢会认识到自己与他人的区别，培养起尊重自己、尊重别人、相互协作、相互服务的良好品德，学会区分好坏、美丑等概念，形成基本的个性特征。

　　我和先生在山西上的大学，大学毕业以后在山西工作了好些年才来到北京，女儿跟着我们来北京的时候只有3岁。在北京，我们没有亲戚；刚到这里，除了同事，朋友也不多。所以那时候女儿除了学校的小朋友外，没有非常亲近的小伙伴。为了不让女儿感到寂寞，我和先生下班后都尽量抽出时间陪女儿玩耍，然而，从事教育工作的我非常明白，父母的陪伴代替不了伙伴的陪伴，培养同伴交往的能力比提高学习成绩更重要。因此，在女儿成长的过程中，我总是想方设法创造条件让女儿和同伴交往。

女儿上幼儿园的时候，每天下午接她回家时，我们都邀一两个小朋友到对面的北大校园去玩。后来小朋友越聚越多，甚至从幼儿园教室一出来，就会有小朋友邀请女儿："李若辰，玩儿去吧？"那个时候，为了女儿和小朋友玩得痛快，上了一天班的我往往饿着肚子陪她到天黑才回家做饭吃。不过，看着女儿每天高兴得小脸像花儿一样，我再累再饿也觉得值了。和小朋友们的纯真友谊成了女儿美好的回忆，到如今，她都对那个每天分手的时候跟她拥抱说再见的小男孩念念不忘。

女儿上小学以后，周围的小伙伴明显忙碌了起来，孩子们的课余时间都被各种各样的课外班占据了。我们坚持没有给女儿报课外兴趣班，目的是想让她有个健康快乐的童年。可是，玩伴却成了问题。我就利用接孩子或者开家长会的时间跟女儿班里同学的家长们聊天，了解哪个同学哪天有空，然后约着人家一起出去郊游，或者到动物园等地方去玩。逢寒暑假，我还组织几个家庭一起出去旅游。在这样的玩耍过程中，女儿交到了几个"铁哥们"，虽然上中学后各奔东西，但他们一直保持联系，其中两个女孩还成了女儿无话不谈的闺密。

如今的独生子女其实挺可怜的，因为没有兄弟姐妹，回家后关起门来面对的就只有家长，缺乏伙伴之间的交流和玩耍，心里非常孤单。我接触过一个女孩，因为父母工作忙，很少带她出去玩，也几乎没有小朋友和她玩，结果她性格孤僻，内分泌也出了问题，8岁就来了月经，愁得妈妈带她去看医生。

对于孩子来说，伙伴关系是其社会化过程中不可缺少的因素。同龄伙伴之间的交往不同于家长的娇宠，是平等的接触和交流，在这种交往中，孩子慢慢会认识到自己与他人的区别，培养起尊重自己、尊重别人、相互协作、相互服务的良好品德，学会区分好坏、美丑等概念，形成基本的个性特征。

而许多家长缺少这方面的常识，只重视孩子智力的培养，认为只要学习好，就一好百好。每天放学就把孩子关在家里学习，剥夺孩子与同龄伙伴之间接触的机会。殊不知，这耽误的是孩子学习处理冲突和矛盾的最佳时机。因此，个别孩子在青年期离开父母以后，遇到问题的时候要么感情冷漠，要么激情冲动，从而走上犯罪的道路。用硫酸泼熊的清华大学的刘海洋、开车撞人后不去抢救反而拔刀杀人的西安音乐学院的药家鑫，都是因为其家长对他们青少年时代的教养思想狭隘，使他们缺少与人交往的经历，造成心理扭曲而导致的悲剧。这些年高校学生中不时出现的自杀现象，也突显这一问题，不能不引起我们的高度重视。

令人欣喜的是，越来越多的家长意识到独生子女缺乏同伴关系这一问题的严重性，并积极行动起来。我曾经看到报道，说北京出现了两个或者多个独生子女家庭组成的"联合家庭"。就是几个家庭联合起来，轮流带孩子，这个星期孩子们都到张三家住，下个星期几个孩子再住到李四家……也有的家庭在假期的时候为孩子"借个伙伴去旅行"。这些父母的目的无非是为孩子找个朝夕相处的小伙伴，避免孩子出现自私、任性、独占欲强等问题，据说效果非常不错。

由于条件的限制，我们虽然没有跟别的家庭联合养育孩子，但是我从女儿小时候开始就给她创造各种和小伙伴相处的机会，让她感受人际交往中的种种状况。到中学以后，处理与同伴之间的问题就变成了她的自主而自然的行为。

欣慰的是，女儿每次到了一个新的集体，都能很快融入其中并找到和自己志趣相投的朋友。

女儿对朋友们的真诚相待，常常让我非常感动。

高一结束的那个暑假，一天，她把初中的一个好朋友约到家里给人家补课。我一看补的是化学，就很纳闷。我知道女儿已经决定学文科了，而且她高一的化学课学得并不是特别好。她的好朋友走后，我问她怎么回事，她说好朋友化学考试"挂科"了，要在假期补考，由于补考对分数要求并不高，只要考及格就行了，就求她给讲一讲。

后来，那个同学补考及格后专门打电话对女儿表示感谢。女儿告诉我，她为了给同学补课，专门备了课，把高一的化学系统地看了一遍，结果原来没有学明白的地方都弄清楚了。她说："帮助别人其实也是帮助自己。"

女儿乐于助人差不多都成了一种习惯。我们家有一个篮球，女儿就在高一的时候拿给班里住校的男生，让他们用；家里多出一个读卡器，她就拿到班里公用；住校的同学因为没有电脑，不方便下载歌曲和视频，女儿就经常把同学的MP4拿回家帮他们下载；家门口的点心好吃，她就常常帮同学买……有些事情其实很耽误时间，但她从来都乐此不疲。

我一向支持女儿的这些交友行为，所以许多时候我都为她代劳。她实在没有时间，就告诉我："妈妈，帮我下载一下《国王的演讲》，愉愉要看。"要么就是："妈妈，顺便帮我买一下门口的老婆饼，芃芃要吃。"只要有时间，我都会帮她做。

女儿真诚地与她的朋友们相处，朋友们对她也非常好。整个高中阶段，无论在学习还是生活抑或是情绪调节等方面，女儿的朋友对她的帮助都很大。

女儿在高二和高三阶段，就一直和一个叫芃芃的女孩互相帮助学习历史和地理，高考时俩人的成绩都不错。高三时女儿上自习都是跟另外一个同学一起，那个同学的政治学得很扎实，女儿说那个同学对她政治的学习帮助特别大。

对于学习压力非常大的高中学生来说，拥有三五个知心好朋友，不仅可以成为学习上的好帮手，互相取长补短；遇到困难的时候，也会是渡过难关的支持者；心情糟糕的时候，还是倾诉的对象、情绪宣泄的出口。

女儿有个非常要好的朋友，无论女儿遇到什么事情，第一时间就会给她打电话。记得女儿高二失恋的时候，这个好朋友就跟我说过一句话："阿姨，您放心，让我跟她聊一会就没事了。"果然，她俩聊天的效果非常好。

因为女儿的朋友很多，高中时她课余时间总会被好朋友找去玩，所以陪我们的机会就少了。我和先生对此虽然稍稍有些失落，但看到女儿总能呼朋唤友，心里也就释然了。有首歌这样唱道："千里难寻是朋友，朋友多了路好走。以诚相见，心诚则灵，让我们从此是朋友。千金难买是朋友，朋友多了春常留……"女儿小的时候，我就"挖空心思"引导她出去交朋友，不就是为了这一天吗？

我们中国人讲究"人脉"。相信女儿从小到大交到的这些朋友会成为她将来人生道路上永远的"人脉"，丰富她的人生；相信我们引导女儿提高交友能力，会让她的"人脉"网更加宽广，让她的人生更加完美。

恋爱不是洪水猛兽

恋爱或失恋，在中学生中都属正常。家长要认清这一点，正确引导孩子，帮助孩子走好"初恋"时期的这段路。

女儿上高一时的一个周末，我和先生去看电影，在大厅候场的时候，偶然看到穿着女儿所在学校校服的四个孩子也在等候电影开场。看校服的颜色，想必就是女儿那个年级的。两个男孩两个女孩，四个人虽然打打闹闹的，但一看就知道是两对小恋人。两个男孩对两个女孩那种特别的眼神和关照，虽然稚嫩，看上去还是挺让人心动的。

先生看不过去，说现在的孩子不成体统，中学生竟敢在大庭广众之下谈恋爱。我笑笑跟他说，没准我们的女儿也正在另外一个影院跟一个男孩看电影呢。先生表示不可能，我心里则觉得很有可能。

不管家长相信不相信，如今的中学生谈恋爱就是这么大胆。一起看电影，我觉得这还算是隐蔽的，坐在车上或者走在路上，不是经常能看到那些穿着校服的男女学生在大街上拥抱接吻吗？

如今的中学生谈恋爱，不仅大胆，还非常普遍。记得女儿上高中没多久，回来就跟我说："妈妈，我觉得我们学校里谈恋爱的人好多呀！"我问她怎么个多法，她说："到处都可以看见高年级的学生一对一对的。"我问她这样好不好，她说："如果真心相爱，就挺好的呀！"

在家里，我和女儿从不避讳谈论恋爱的事情。因为我在这方面接受的是"零教育"，我不想让我的孩子也像我一样。所以，在女儿成长的过程中，我能告诉她的，会直接告诉她，觉得自己讲不明白的，我会买一本书回来，放在她的床头让她自己读书学习。

当她告诉我他们学校许多人谈恋爱的时候，我也跟她谈了许多，告诉她高中时期可以跟男生交朋友，但要有限度，要以学习为重，等将来上了大学或者工作以后，好男孩多的是，等等，她也点头表示赞同。我还开玩笑地告诉她，将来她要真谈了男朋友，一定带回家让我给她把关，不要因为年轻看走了眼。

然而，女儿还是在高中就谈恋爱了，并且遭遇失恋的痛苦。

高一的第二学期，女儿的手机短信明显增多，而且不再让我看她的手机，我就知道不妙。我几次旁敲侧击问她是不是有了心上人，她不置可否。这个时候，我没有阻拦，也没有给她讲过多的大道理。我觉得应该让她体验一下那种甜蜜并青涩的感觉，我只是有意无意地告诉她要保护好自己。

高中生有恋爱的冲动，是一种正常现象。在感情方面，他们已经到了青春期后期，无论在生理还是在心理方面都走向成熟，初中时那种对异性充满好奇的感觉已经变为和对方依恋的强烈渴望。联想我高中时，也暗恋过别人，也有男生给我写过情书，而且我们班还有几对同学恋爱成功最后喜结连理。最成功的那一对同学，当时女生的学习成绩在班里排名很靠后，在那个男生的帮助下，学习成绩直线上升，最后俩人分别考上了北京的两所名校，现在在北京发展得事业兴旺、婚姻美满。

于是，我静静地观察女儿的变化。她每天回来都兴冲冲的，依然在饭桌上滔滔不绝地讲学校的事，学习也没有受到影响。

高二第一学期一开学，我就觉得女儿有点不对劲。一般来说，学习上或者跟同学交往的事情，她都会直接跟我说的。而这一次，我感觉到了她情绪的低落，她却没有告诉我为什么，我就猜想一定是感情上出了问题。一天吃晚饭时，女儿终于问我：

"妈妈，为什么有的人会言而无信？"但她并没有明说是什么事情。

我就跟她分析："看什么事情了。比如做生意，人家觉得这笔生意不赚钱，就反悔了；或者交朋友，交了一段时间之后，人家觉得双方不对脾气，也可以不继续……"我还跟她说，如果是中学生的事情，也有可能是家长从中干涉，因为一般的家长都觉得中学生应该一门心思搞学习，其他的都不许考虑。女儿听后，进屋去了，我感觉她非常痛苦。

我知道，我那些苍白无力的话女儿听进去了，但是并没有解决她的问题。面对孩子的有些问题，我们家长虽然心疼，但束手无策，只能让孩子自己去承受，毕竟她将来要面对的棘手的事情还会有很多。

第二天放学后，女儿就忍不住了，她一进家门就冲进自己的屋子，大哭起来。我想她白天一定做了最后的努力，但结果是失败的，因此这眼泪应该是彻底绝望的哭泣。我走进她的屋子，她说了一句："妈妈，我好难受！"就扑到我的怀里。我跟她说："宝贝，妈妈知道！"

从感情上来说，看到自己的女儿遭受这么大的委屈，我真恨不得立刻找到那个"坏"小子教训教训他。然而理智上，我知道那也只是个孩子，他只是做了一件他认为应该做的事情，他并没有意识到他的做法对一个女孩的伤害多么大。用家庭治疗大师萨提亚的理论来理解，我女儿对他的期待只属于我女儿，他没有义务满足她的期待。所以，他并没有什么错。

当天晚上，我把女儿叫到了我的床上跟我一起睡。作为过来人，我知道失恋的痛苦滋味，我知道女儿肯定睡不着，她需要一个人给她做伴；作为妈妈，我明白女儿的痛苦只有在我跟前才能有所缓解，这个时候她最需要的就是我的支持。

此后的一个月，女儿晚上都跟我一起睡。起初几天，她还会失眠。我给她讲，对一个人来说，恋爱和失恋都是正常的事情，许多人的一生都要经历几次恋爱，才能找到适合自己的伴侣，更何况中学生还太年轻，对好多事情都还看不明白。我给她举了许多我们身边的例子，让她觉得生活就是如此。我还让她明白，经历就是财富，应该感谢自己所遇到的人和经历的事情，因为这些都会让人变得更加坚强和成熟。

一个月以后，女儿告诉我："妈妈，我觉得一个人可以睡着了。"

我说："好的，欢迎你随时回来找妈妈。"

后来的日子，女儿依然很自然地跟其他男生交往。我明显感觉到，女儿经过那次感情波折，在这个问题的考虑上理智了许多。一次，一个在高中当老师的朋友，还企图在这方面教育女儿几句，没想到女儿说："阿姨，别说了。我尝过了，知道那是啥滋味，现在我是'李坚强'！"

可见，所谓的"早恋"也不是没有好处的。

孩子在成长的过程中，该来的总归要来。就恋爱这件事情，家长拦是拦不住的。在北京、上海这样的大城市，孩子早晨就出去上学，晚上才回家，家长又大多很忙，怎么可能管得了孩子在外面的行为。所以，"宜疏不宜堵"，大道理一定要讲，具体的事情也要告诉孩子，尤其是交往的界限。男孩如果在恋爱，父母应该告诉儿子要有责任心，要爱护女孩；女孩如果在恋爱，父母一定要告诉女儿交往的限度，并且注意保护自己。至于结果怎么样，只能让他们自己去体会了。

高三第一次模拟考试后去开家长会，女儿他们的年级主任分享了一位妈妈的做法，非常值得我们借鉴。她知道儿子恋爱后，没有直接跟儿子说什么，而是给儿子发了个短信，短信内容是这样的："尊重感情，为爱奋斗，把握尺度！"这样做，既表示了对儿子的尊重，也表明了妈妈的态度。真是太有智慧了！

就像老话说的："初恋时我们不懂得爱情。"中学生的恋爱只是在尝一颗青涩的果子，最后以分手告终的占了绝大多数。分手以后，其中不乏像我女儿那样烦恼备尝的孩子，这个时候，家长陪伴在孩子的左右就是对孩子心理的最大支持。

中学生失恋的时候，心理非常脆弱，稍不留意就会伤害到他们，因此千万不要说刺激孩子的话。在我们家长的观念里，中学生谈恋爱是不被允许的，本来孩子在做这件事的时候压力就很大，内心就有"顶风作案"的感觉，结果还失败了，所以这个时候的他会有前所未有的挫败感。而作为孩子，他还是希望获得来自父母的理解和帮助，家长这个时候如果不知道说什么好，就默默陪伴孩子，只要用真心去陪伴，孩子是可以感受到的。

恋爱或者失恋，在中学生中都属正常。只要认识到这一点，家长在孩子遇到这些问题时，就不会只知道着急上火，而是能够正确引导，帮助孩子走好"初恋"时期的这段路，并陪着孩子逐渐长大。

送给女儿的成人礼物

在女儿18岁的成人仪式上，我们为她精心准备了一份礼物——一本收录女儿从小到大文字的"书"，以表达我们对她最浓最真的爱。

    每年的10月18日，女儿所在的高中都会为高三的孩子举行成人仪式。这个成人仪式，女儿从高一那年的10月18日就开始向往了。我记得2008年10月18日，她回家后向我描述高年级的哥哥姐姐穿着正装从校园里走过的情形时，神态和语气都充满了羡慕和期待。于是，高二结束的那个暑假，她和同学结伴跑了好几次商场，才为自己选定了合适的礼服和鞋子，还特意在网上订购了一个礼服手包。这一切都搞定后，她就像我小时候盼过年一样，眼巴巴地等待那一天的到来。

看到女儿这么重视成人仪式，我和先生也打算为女儿隆重一把，送她一件特别的礼物。于是，我俩开始合计送她什么合适，选来选去，所有能从商场买来的东西都被我们否决了。

一天，我收拾女儿的书柜，想给她腾出两个格子，方便她放置高三时期用的学习资料。收拾的时候，意外看到了我陆续收集并保存的女儿的许多作品，包括幼儿园所画的图画和手工作品，还有小学一直到初中的日记本、周记本和作文本，于是就随手翻了起来。这一翻不要紧，我马上就知道送女儿什么礼物好了。女儿从小到大所写的文字，记录的不就是她成长的足迹吗？把这些文字整理成电子文档，打印出来并装订成册送给女儿，那是多好的礼物啊！我欣喜若狂，立刻把这个想法告诉了先生，先生举双手表示赞同。

于是，我们开始整理并录入女儿的那些手稿。由于时间不够，我们还请别人帮我们录入了一些。所有的文字录入完后我们一看，女儿从小到大所写的文字竟然有20多万。这还不包括初中和高中的日记。

整理女儿那些文字的过程，等于我和先生重温了一次女儿成长的经历。那些稚嫩的文字记录着她的见闻和感受，写出了她对这个世界的认识和看法，回放着她成长过程中的点点滴滴。在女儿对这个家庭的描述里，我也读出了我们和女儿一起成长的过程。

看着女儿的文字，我们有时候被那些稚嫩的语言逗得忍俊不禁，哈哈大笑，有时又为女儿犀利的文字和深刻的思想而叹服。

紧锣密鼓地整理了几十天，一本由爸爸写序，妈妈做后记，并被命名为《缀叶集》的 "书"终于在女儿成人仪式的那天早上"面世"了。

成人仪式上，先生把包装精美的礼物送给女儿，女儿打开后非常惊讶，随即激动得流下了眼泪，连声对爸爸说着"谢谢"。

成人仪式后，我们一家经常一起阅读女儿的"书"，共同回忆我们一起走过的那些岁月。女儿看着自己写的文章，经常会问："这真的是我写的吗？我写过这些话？"

看来，我们送女儿这个礼物真的是送对了，书中的那些记录不仅帮她想起了小时候许多美好的回忆，也让她从过去的文字中看到了自己曾经看问题的幼稚，并认识到自己的成长。她有时候会说："那时候我怎么那么可爱啊？！"

先生在"书"的序言里言辞恳切地表达了对女儿的赞赏和殷切的期望，他写道：

孩子，"读万卷书，行万里路"，爸爸希望你有丰富的人生体验与生活阅历。只有自己去观察、去发现、去思考，你才会有真正属于你自己的感悟和心得，你才能真正了解真实的社会，这些才是让你受益终生的财富。

孩子，马上你就要举行成人仪式，你也将是一个成年人了。你在社会上是一个独立的个体，要敢于担当。从过去的经历看，爸爸是放心的。相信你会成为一个对社会有价值、对国家有贡献的人，成为一个善良正直、内在丰富、学识渊博、心态阳光、富有魅力、受人尊重的人。辰辰，你是一个全面发展、乐观自信的孩子，爸爸相信你。

孩子，爸爸很欣赏你在小学三年级写的作文《假如我是一片叶》，希望你的每个文字、每篇文章都像一片片生机勃勃的树叶，点缀你绚烂的人生，就把这本文集起名为《缀叶集》，相信你也喜欢。

孩子，你的人生道路才刚刚起步，望你继续践行"爱国孝亲、尊师重友"的做人准则，保持本真的自己。

这些话也算是对孩子的成人寄语吧！

孩子要成人了，送给他的礼物轻重贵贱并不重要，但有一个原则：要表达父母对孩子最浓最真的爱。

电影和戏剧——不错的审美教育

带孩子看一次演出，就可能打开孩子热爱某种艺术的大门，这既是对紧张学习的一种调剂，又可以培养孩子的审美情趣。

内心里，我很赞赏自己上演了现代版的"孟母三迁"故事。

刚到北京的时候，只能租房住，所以总是搬家。然而，无论怎么搬，我的心里都有一个准则：住在北大清华周围。因此，租房住的9年间，我们在北大西门附近住了3年，在清华大学里住了6年。不为别的，就为女儿能有一个好的成长环境。

因为一直住在北大附近，北大的百年讲堂便成了女儿接受艺术熏陶的殿堂。她的第一场芭蕾舞剧是在百年讲堂观看的，她的第一场音乐会是在百年讲堂听的，她的第一场话剧是在百年讲堂看的，她的第一场戏曲表演也是在百年讲堂欣赏的……电影就更不用说了，只要有好看的电影，我们全家一定一起去看，在那里我们还观看了许多在外面已经看不到的经典老电影，比如《佐罗》《茜茜公主》等，甚至卓别林的默片《摩登时代》，女儿都在百年讲堂观看过。

最初看演出，只是一种娱乐方式。女儿上小学时的周末晚上，因为比较清闲，我们会溜达着去百年讲堂，碰到好的电影或演出就进去。没想到这些不经意的行为，竟培养了女儿高雅的审美情趣。

观看不同时期的电影，让女儿慢慢明白了电影发展的历程。老电影的音效、特技水平不高，演员的功力却要高出一筹；新电影纳入了许多高科技元素，在视觉和听觉上给人的冲击力更大。高中时期，女儿是他们学校电视台的策划，她曾经以电影为题材做过一期节目，把她对电影的感悟渗透到节目中。用她的说法就是，把感性的东西进行了理性的提炼，再用感性的手段表现出来。

北大时常引进高规格的演出。有许多在国家大剧院举办的音乐会、芭蕾舞、话剧等，只要耐心等待总会出现在北大的百年讲堂，而且票价低很多。从2006年以来，英国的TNT剧院每年都要来北大演出一两次，只要时间允许，女儿必定去看，而且受益颇多。

英国TNT剧院是世界级国际巡演剧团，不仅在英国本土声名显赫，而且是全球巡演国家最多的英语剧团。几年来，女儿已经观看了TNT剧院演出的莎士比亚名剧《仲夏夜之梦》《王子复仇记》《罗密欧与朱丽叶》《麦克白》《奥赛罗》等。观看这些英文的话剧，女儿不仅对莎翁的戏剧从文字到舞台都有了感性的认识，而且领略了戏剧和纯正英语的双重魅力。女儿还观看了美国剧团演出的《奇迹创造者》，深深地被海伦·凯勒的家庭教师安妮的精神所感动。观看各种话剧，女儿陶冶了情操，也提高了学习的能力，这是让我深感欣慰的。

我们平日说艺术的熏陶，对孩子来说，关键在于"熏"的过程。

我喜欢中国传统戏剧，所以每逢北大百年讲堂有传统戏剧演出，我总想办法去看。女儿上初中的时候，我带她去看北方昆曲剧院演出的《西厢记》。我的目的只是想让她了解一下传统戏剧，因为她从来没有在舞台演出上见过古装戏。本来想着"咿咿呀呀"慢节奏的传统戏剧女儿不会喜欢，没想到在看到《长亭相送》那一折的时候，我被舞台的唯美设计所吸引，女儿被崔莺莺对张生的爱情依恋所感动，竟然哭得稀里哗啦，比我还觉得感动。更令我没有想到的是，她竟喜欢上了中国古典戏曲。之后她又和我一起观看了昆曲《桃花扇》、京剧《贵妃醉酒》等。

在这个快节奏的时代，女儿能喜欢中国传统戏曲让我非常高兴。传统戏曲虽然节奏比较慢，但是艺术欣赏价值却很高，是各种艺术手段的完美结合。传统戏剧的剧本精炼流畅，动情处写得如泣如诉，幽默处诙谐调侃，文学价值非常高。每次跟女儿看戏回来，我们都会把剧本找出来，读那些精彩的段子，对女儿的古文学习很有帮助。传统戏曲把文学、音乐、舞蹈、绘画用独特的形式融合在一起，演绎着唯美的故事，而且不同剧种都精彩纷呈。其中的独特艺术感染力是电影、电视以及话剧、歌剧等舞台艺术所无法比拟的。

女儿高二时，有一阵子读《牡丹亭》的剧本，就特别想看昆曲版的演出。当时正好没有舞台剧演出，我上网查，竟然查到正在上演厅堂版的。于是我们又一起去看了厅堂版的《牡丹亭》。厅堂是更加古老的演戏和观看方式，观众和演员在一个平面，观众就围坐在舞台的周围。这次观看，传统戏剧的艺术魅力又一次震撼了女儿。

家庭教育的最高境界就是"润物细无声"，审美教育也是如此。我们不经意带孩子看的一次演出，就会打开孩子热爱某种艺术的大门。不过，却是要家长心里时时装着这个"润"，在孩子成长的过程中提供各种"好雨"，因为只有孩子亲自体验了，才能"当春乃发生"，不知不觉提高艺术欣赏的能力。

做孩子
走向独立的教练员

一个孩子的生活品德不高，
就算他学习成绩再好，也不能算是好孩子。
高中阶段可以说是孩子远行的准备阶段，
父母有必要让孩子学会生活的技能，
这对孩子离开父母后的自立自强非常重要。

我们全家爱运动

运动可以使孩子心情愉快，可以使孩子心胸开阔，可以使孩子性格开朗，可以使孩子意志坚强。经常运动，拥有一个好的身体，是高考取胜的关键因素之一。

《我们全家爱运动》是女儿小学时候一篇作文的题目，她这样写道：

每逢双休日，我们家总会全体出动，再叫上一帮同学，大家一起去打球、游泳、爬山。班里同学几乎都知道，我们一家人是最能运动的了。

正如女儿所写的，我们一家都喜欢运动，而且这个习惯一直延续到现在。

女儿小时候，我们经常带她去运动，一是想让她有个强健的身体，二是想通过运动培养她开朗乐观的性格和坚强的意志，三是想让她通过到户外活动开阔视野、陶冶情操。

女儿上高中以后，事情多了，我们不能像她小时候那样在周末帮她叫上三五个好朋友，一起去爬山远足或者到球场打球了，但是我们家运动的习惯没有丢。因为我们明白，高中阶段，学习任务很重的女儿更需要一个好身体。到了紧张的高三阶段，孩子们不仅要拼学习能力，还要拼体力。一个身体健康的人因为精力充沛、头脑灵活，更容易在平日的学习和考试中进入最佳状态。所以，一个好的身体也是高考取胜的一个关键因素。

想拥有强健的身体，没有别的办法，只能通过体育运动来锻炼。高中阶段，女儿没有时间经常出去锻炼，我们可以"就地取材"。小区的中心花园很大，绕一圈要好几分钟，我们就抽时间下楼跑步或者散步。小区门口开了健身房，我们就办了卡，有时间就去健身房，或跑步或游泳。去上课外辅导班的时候，我们提前半个小时出发，先打一场保龄球。总之，想运动总会找到时间和项目。

我家还有更方便的运动方式，在家里就可以进行。我把家里原有的哑铃和跳绳找出来，还买回了呼啦圈、毽子等运动器具。

女儿学习累了，走出她的房间就可以在客厅做运动。这些小型的运动项目还可以全家互动。跳绳、转呼啦圈和踢毽子，我们三个人就可以互玩欠数游戏，这次还不上的数下次可以接着还。在锻炼身体的同时，家里还充满了欢声笑语。

运动还有一个非常大的好处，就是可以调节情绪。人在心情烦躁的时候，去跑步或者打球出一身汗，心情立马会变得舒畅。我上中学时喜欢跑步，现在心情烦躁的时候会去快走。每当女儿遇到不顺心的事情或者学习特别紧张的时候，我爱拉着她去跑步。每次在院里跑几圈回来，她就没事了。

有的家长觉得孩子学习累了可以玩一会电脑游戏，我不赞成。据研究，人在运动的时候，大脑会分泌出由二十多种内啡肽组成的激素，这种神秘的激素具有强大的镇静作用，并能使人产生愉悦感，科学家称之为"快乐素"，可对人的情绪起到有效的调节作用。孩子学习累了烦了，通过运动可以起到"换一换脑子"的效果。而电脑游戏是一种非常消耗脑力的活动，孩子虽然离开了课本，他的大脑却还在紧张的思考状态，不能得到很好的休息。更何况，孩子长时间的学习已经腰酸背痛，坐在电脑前不仅不能缓解这种症状，反而会加重。

我们且不说运动对学习的好处，大家仔细观察就会发现，爱运动的孩子大多性格开朗，看上去更加阳光活泼，而那些经常玩电脑游戏的孩子相对就会内向一些，且不善言谈，不喜欢与人交往。进入大学以后，活动在运动场上的男生往往也是女生们追逐的对象，而流连在网吧的男生则往往是被人遗忘的角色。

总之，运动对孩子好处多多，可以使孩子心情愉快，可以使孩子心胸开阔，可以使孩子性格开朗，可以使孩子意志坚强，运动还可以升涨孩子的人气，让他在人群中更受欢迎。

如今朋友之间流行一句话："请人吃饭不如请人出汗。"不妨把这句话变通一下，送给我们的家长："让孩子玩电游，不如带孩子去打球！"

旅游就是轻松的学习

旅游就是轻松的学习，既能让孩子在学习之余放松一下，又能让孩子在放松的同时增长见识。

孩子，"读万卷书，行万里路"，爸爸希望你有丰富的人生体验与生活阅历。只有自己去观察、去发现、去思考，你才会有真正属于你自己的感悟和心得，你才能真正了解真实的社会，这些才是让你受益终生的财富。

这是先生写给女儿成人寄语里的一段，也是我们教育女儿的一个理念。我们希望女儿的人生不光靠读书来丰富，也要靠体验来学习。我们知道"秀才不出门，便知天下事"的古训，所以，我们让女儿饱读诗书；我们也知道"实践出真知"，所以我们带女儿亲自做各种事情，让她真实地感知生活，在体验中学习。

旅游就是我们一家人一起做得最多的事情，而且收获非常大。我所谓的旅游包括平日里的郊游和假期里的出门旅行。

郊游是我们家的习惯。在女儿很小的时候我们就带她到处去玩，家里没车，就骑车或者乘公交车，到各个公园或者郊区去，让她尽情地跟大自然亲近。女儿小学的时候，要是哪一个周末我们因为忙没有出去玩，她会很沮丧地说："这个星期咱们就这么在家干待着？"她之所以喜欢出去，是因为外面有太多她热爱的东西。

因为经常出去玩，女儿对大自然的奥秘充满了好奇和敬畏。她喜欢小动物，尤其是对昆虫，总有问不完的问题，无论是路上还是在公园里或者山上，只要看到小虫子，她就会看半天，不明白就回家查百科全书。为了满足她，我们特意为她买了法布尔的《昆虫记》。在女儿和昆虫"打交道"的时候，我们就安静地陪着，从来不打扰她。因为女儿对昆虫的喜爱，我们家总是养着一些"虫子"，毛毛虫、蜗牛、蚁狮、"吊死鬼"等都曾经是我家的"客人"。女儿对昆虫的爱好，一直持续到现在，出去玩只要看到没有见过的昆虫，都要研究一番，回家尽量搞明白是什么。因为喜欢，女儿中学的生物一直学得很好，要不是物理和化学成绩太差，她也许会选择理科，考大学上生物专业呢。

没有想到的是，这一爱好竟然也派上过用场。高三时，女儿参加港大"校长推荐计划"招生面试的时候，面试官是位学生物的老师。她和老师一起谈论关于昆虫的话题，表现很出色。

郊游的收获还有许多。放松心情、锻炼身体我们暂且不说了，带女儿经常到郊区玩，目的也是让女儿懂农事、知稼穑，她在这方面的知识也比身边的同学丰富一些。

如今，在假期里带孩子出门旅行，已经变成城市家庭最常见的休闲方式。我们也经常带女儿出去旅游。同样是旅游，从同一个地方回来的人收获却不一样。对成年人来说，这也许跟个人的诉求角度有关系，而对于孩子来说，就跟旅游的方式有很大关系了。如果让年龄小的孩子跟着几十个人的旅行团去旅游，我认为孩子除了觉得热闹好玩之外，对大多数东西的印象一定会很模糊。高中生因为有了自己的鉴别能力，跟团旅游相对会好一些。但我还是建议，如果要旅游，就做"深度游"。

我所说的"深度游"就是出门不跟旅行团，而是要自己一家自助游或者组织一个带孩子的小团体自助游，让孩子在旅游的时候有更多的收获。

女儿从小到大去过不少地方，起初我们也跟过一两次旅行团，发现效果很不好，尤其对于孩子，正如有句顺口溜所说：

"上车睡觉，下车撒尿，景点拍照。"孩子出去一次，对所去过的地方不仅没有什么印象，还因为赶景点累得要死。

后来，我们就改换了方式。女儿假期的时候，要么我们一家出去玩，要么就联系她的同学，几家组织起来一起出去玩，效果非常好。每到一个地方，孩子不仅能观赏美景，还可以体察民情，了解各地的风俗习惯等，这样的见闻对孩子的帮助很大。

有一次，我和另外一位妈妈一起，在寒假带着各自的女儿到东北，晚上睡在农家热乎乎的大炕上。早晨起来，孩子们看到院里堆的大块用来烧火的木柴，想起了在白桦林里看到的树桩，并且联系到地理课本上讲的乱砍滥伐导致我国森林大面积缩水的问题。她们问房东为什么不烧煤而要烧木头，房东告诉她们，木头不用花钱，而煤太贵，他们压根就买不起。这让她们明白了森林面积的缩水不单单是环境问题，和民生问题也有关系。我们还带她们看农家大妈腌在大缸里的黄豆酱，让她们明白什么叫原汁原味。

那次，我们跟一个来旅游的日本留学生住在一个院里，孩子们很喜欢跟他玩，大家就在一起吃农家饭，一起去滑雪。两天的时间里，他用蹩脚的中文跟孩子们讲了许多关于日本小孩子的事情，让孩子们从一个日本人的嘴里真切地了解到了一些日本的情况。

我们还去过云南的千龟山，那是我国典型的一处丹霞地貌，景观非常奇特。因为那里比较偏僻，而且也只有那一个景点。所以一般的旅行社并不带着旅游团去那里，于是我们自己租车上去，坐在偌大的"龟背"上，悉心体验大自然的鬼斧神工……

我还记得黎明时分的大连燕窝岭，我们一家三口裹着从宾馆里带出来的床单，等待喷薄而出的太阳，领略云开雾散的奇妙感觉……

这些体验，是那些团体走马观花似的旅游所不能比的。

作为家长，我们带孩子出去旅游的目的无外乎两个，一个是让孩子在学习之余放松一下，另一个是让孩子在放松的同时能有更多的见识。同样是花钱，与其又累又没有收获，何不换一种方式，让孩子既玩得高兴又收获多多呢？

旅游就是轻松的学习。无论是郊游还是远行，无论是自然景观还是人文景点，孩子在游玩过程中所学到的东西，可以很好地补充课本内容的不足。对于我女儿，我觉得她对历史、地理和生物的学习有兴趣，跟我们从小带她出去玩有很大的关系，因为她总是可以在课本里找到自己的"足迹"，而且，旅游的所见所闻，正是她写文章的最好素材。

休闲也有"饕餮餐"

孩子上了高中，家长也可以琢磨准备一些特别的礼物送给孩子，给孩子一些惊喜，让孩子在寒窗苦读的枯燥和烦累中找到甜蜜的味道和幸福的感觉。

　　咖啡里加点糖味道会变好，饭菜里放不同的调料味道也会更丰富。两口子过日子，丈夫时不时送给妻子一些特别的礼物，生活会甜蜜许多。孩子上了高中，家长也可以琢磨准备一些特别的礼物送给孩子，给孩子一些惊喜，让孩子在寒窗苦读的枯燥和烦累中找到甜蜜的味道和幸福的感觉。

　　2009年的暑期，青春偶像剧《一起来看流星雨》在湖南卫视热播，女儿每天都要看。一次，她一边看电视一边问我们流星雨到底是什么样子的。我们就告诉她，我们也没有见过流星雨，但小时候住在农村，经常在夏天的夜晚看到流星划过天空。女儿非常羡慕，说她很想看到流星雨，哪怕就是看到一颗流星也好。

女儿3岁就到了北京，一直生活在钢筋混凝土排列的"钢铁森林"里，夜晚连抬头看天的机会都很少，更别说看到流星了。

巧的是，2009年的国庆节和中秋节假期正好重叠，我们就带着女儿回了趟老家，第一目的是探望年老的爷爷、奶奶、外公、外婆，第二目的就是让她看一次流星。

回去的5天，天气都非常晴朗，晚上也是皓月当空。每天晚上，女儿都坐在院子里或者躺在房顶上仰望天空，一待就是几个小时，希望有一道流光划过天空。可是老天爷偏偏跟这个天生浪漫的小姑娘作对，5个晚上过去了，愣是没有降落一颗流星。

女儿非常沮丧……

2009年11月16日下午，QQ突然弹出一条消息："狮子座流星雨大爆发，最佳观测地呼和浩特。"我打开新闻仔细看，2009年狮子座流星雨在单位时间段爆发的数量比往年都要多，最佳观测地点在呼和浩特，最佳观测时间是11月18日凌晨4点左右。

我打开日历一看，18日是星期三。

随即，一个念头在我的脑海里闪现出来：带女儿去看流星雨，晚上飞去早上飞回。帮女儿实现愿望，还不耽误学习。

按捺住激动的心情，等到了晚饭桌上。我知道我的这个想法非常诱人，然而并不确定他们父女的反应，毕竟孩子已经是高二的学生了，而且三个人来回的机票钱并不是个小数目。

当我把看到的新闻告诉他们，并把我的想法提出来的时候，他们先是一愣，接着欢呼声就在我家餐厅里响了起来。她爸爸饭都不吃了，马上打电话预订了11月17日晚9点飞去和18日早7点飞回的机票，并预订了呼和浩特白塔机场旁边的航空酒店。

17日下午5点，我们开车到学校接上女儿直奔机场，把车停在了过夜车场，在机场吃饭、登机。

我们是晚上10点多到的呼和浩特，入住酒店的时候，我们跟酒店服务员商量，告诉她我们要在凌晨看流星雨，麻烦让我们上楼顶。服务员听说我们特意从北京赶过来看流星雨，眼睛瞪得老大，半天都反应不过来。随后，她把通往楼顶的小门钥匙给了我们，让我们到时候自己上去。

凌晨3点整，闹钟把我们从睡梦中闹醒。穿上准备好的厚厚的衣服，我们直奔楼顶。到了这时候才发现计划中一个最大的失误，就是忽略了机场航站楼那明亮的灯光。我们上到楼顶，发现头顶的半边天都被航站楼的灯光照得亮亮的，星星稀稀拉拉地挂了几颗。就算流星雨爆发，估计我们也看不到了，最起码看不了那么真切。

这时候，我们一家三口的情绪跌落到了极点。然而，既然人都到了内蒙古，总得想办法让事情再往好的方面发展一下。

爸爸找到前台的服务员，求她给我们找辆车带我们到离机场远一点的野地里去看流星雨，要不我们就白来了。

零下十几摄氏度的大冬天，凌晨3点多，远离市区的机场，到哪里去找车！其实我们也只是抱着试试看的心理求人，没想到那个服务员心眼特别好，而且非常热情，她给她熟识的几个有车的朋友打了电话，并和朋友说明了我们的情况，终于说服了她的一个朋友。

快到4点的时候，同样热情的司机师傅来了。他开车带我们过了一个又一个村庄，最终来到了一块很开阔的田地里。夜色中，田里铺了一层茫茫的白雪。司机师傅停下车，从后备箱里拿出来两个军大衣，给了我们。他告诉我们，听说我们是从北京来看流星雨的，就猜测我们肯定穿得不够暖和，于是出门的时候把家里仅有的两件军大衣顺便带了来，让我们穿上，或者铺在地上，躺下来看。他说自己有一年正好看到了流星雨，非常壮观。然后我们告诉他可以先回去，早晨6点来接我们。

我们等了一会，突然，一道白光从头顶快速划过，拖着亮亮的尾巴，划落到遥远的地平线。不一会儿，又一道划过……

"流星雨！"女儿激动地大声叫了起来，随即紧紧地和我拥抱在一起。

跟过去看到的流星截然不同，流星雨中的每一颗星星似乎都要亮得多，而且划过天空的亮道又粗又长，倏忽间，好像还夹杂着丝丝彩光。

流星雨好像在一个点爆发，"雨点"洒向不同的方向，所以，我们一会儿从这边看到划过一颗，一会儿又从那边看到一颗。有的时候先生看到了，我和女儿没有看到。

"太神奇了！"在观看流星雨的两个小时里，这句话被女儿说了好多次。我知道她是太激动了，激动得实在找不到别的语言来表达了。

18日早晨6点，天边泛白，师傅来接我们回酒店。收拾行囊，我们7点50分登上了返程的飞机。

去看流星雨这件事已经过去了十年多的时间，直到今天我们一家谈起来还津津乐道。这件事情从提出到完成，以及在过程中遇到的一波三折，连同流星雨的光辉都会永远刻在女儿的脑海里，让她想起来就充满激动和幸福。

这样的"非常"事件在我家时有发生，比如我们还带女儿去看了厅堂版的《牡丹亭》，带她去农村看了真正的社戏，等等。

平日，我们会留意女儿的言谈，其中她流露出来的非常向往的愿望，我们就想办法给她惊喜，尽量以特别的方式去满足她。

女儿调皮地把这些事件称作我家休闲娱乐的"饕餮大餐"，她说非常感谢爸爸妈妈对她的体察，并为她提供机会。通过这些事件，女儿收获了别的孩子无法收获的东西，我们也收获了和女儿关系的更加贴近以及女儿浓浓的感激之情。

如今的孩子在物质上并不缺少什么，他们所缺的是精神上足够的营养。家长要善于观察并倾听孩子，找到孩子真正需要的东西给予他们。只是，在孩子逐渐长大、能力不断提升的情况下，我们需要更多地动动脑筋，想一些真正能打动孩子的高招来满足孩子。我想，这样才是事半功倍的做法吧。

放开手，让孩子自己走

教育的终极目标是把孩子培养成能够自食其力、独立生存的人。家长要给孩子成长的机会，该放手时一定要放手。

　　2008年暑假，女儿参加了一期赴英国学习的夏令营。回来后她讲的一件事，让我到现在还心有余悸。

　　到英国后的第三天晚上，营里为一个同学举行生日派对，结束的时候已经10点了。女儿和另外两个跟她同住的姑娘一起回"家"，可是她们下了公交车以后却迷路了。她们当时是寄宿在伦敦郊区一户英国人的家里，那户人家所在的街区晚上10点多就非常安静，看不到什么人了。黑灯瞎火的，三个小姑娘下了公交车怎么也辨不清方向。

看到路旁有公用电话，她们先给寄宿家庭打了电话，告诉人家她们找不到回去的路了，希望家里人能出来接一下她们。寄宿家庭的女主人非常惊奇，也非常生气，她压根就不相信几个中学生还有找不回去这回事，在电话里她拒绝去找她们几个，让她们自己回来。

无奈之下，她们又给带队的老师打了电话，带队老师也是人生地不熟，压根不知道她们在哪里。最后，她们给警察局打电话，告诉警察她们走丢了。警察问她们在哪里，她们说不上来，警察就告诉她们，让她们去就近的一个超市，问那里的人她们的位置。可是那个街区挺偏僻的，压根就没有超市。

深夜，三个小姑娘站在异国他乡的大街上，吓得哭了起来。这时路上开过来一辆警车，女儿冲到马路中间把警车拦了下来，用英语告诉警察她们的处境，并把装在衣兜里的地址条给了警察。警车鸣着警笛把她们送回了"家"。

这件事女儿是回国以后才告诉我们的，她讲的时候很平静，但我似乎看到了三个小姑娘当时惊恐、焦急、无助的样子。

这件事情结果圆满，孩子们并没有受到伤害。我却心疼了好久，也反思了很久。事后我跟女儿交流过，我问她为什么三个人都没有认真记回家的路，她说大家都依赖别人，以为别人会记得。

"大家都依赖别人"，我想这才是问题的所在。我们的孩子从小习惯了依赖父母，离开父母以后就去依赖同伴。我们周围的好多孩子，都上中学了，还恨不得过马路的时候父母都牵着他的手，平时上下学或者出行更是车接车送，很是养尊处优。有的孩子上了好几年学，都不知道自己家到学校怎么坐公交车。然而，孩子总有离开父母的那一天，总会遇到需要自己解决的问题。这时候，他自己处理事情的能力是多么重要啊！

从这件事情来反思，我觉得我们对女儿独立能力的培养远远不够。

在出国之前，她就应该从各种渠道了解英国家庭的家长对孩子的态度，不应该对人家有依赖心理。刚到英国的时候，她就应该先熟悉每天上下学的路线，而且晚上出行应该考虑到时间，不要那么晚回去。然而这一切工作她都没有做，以致差点把自己"丢掉"。这与其说是女儿的问题，不如说是我和先生的问题，平时出行，一切事项都由我们来打点，女儿只要跟着我们就行了。

这件事已经过去很久，但我到现在想起来依然感到后怕。不过那件事情过后，我就开始对女儿放手，许多事情都让她自己去做，遇到问题也让她自己解决。

女儿高二时，班里组织同学出去野餐，女儿是他们组的组长。同学们商量的结果是吃火锅，但是锅成了问题，大家家里都没有锅。回家后女儿问我怎么办，我给她出主意，可以到火锅店去借，但是得她自己去借。第二天放学后，女儿就去学校旁边的那些火锅店挨个借锅。碰了5次钉子之后，终于在她问到第6个饭店时向老板借到了锅。借到后，女儿兴奋地给我打电话报喜，语气中充满了骄傲和自豪。

每个人都愿意自己在同伴中是有价值的，青春期的孩子尤其如此。借锅这件事让女儿的自我价值感得到了提升，此后，她总是抢着去做一些别人不愿意做的事情，而且每次都会做得很好。

天下只有不去做的事情，没有做不成的事情。对于孩子来说，成功的前提是他要有机会去做事。孩子还未成年，这些机会需要父母提供，教他们争取。小到家里的家务，大到外面的与人交往，家长都应该鼓励孩子去尝试。当孩子通过自己的努力完成了一件事情的时候，他的成就感和自豪感是父母帮他完成所无法比拟的。

教育的终极目标是把孩子培养成能够自食其力、独立生存的人。如果孩子小的时候我们没有给他独立成长的机会，那他上了高中之后，这个工作就无论如何得做了。因为高中毕业，大多数孩子就要离开父母独自去"闯"世界了。

做家长的，该放手时一定要放手。放手培养出来的孩子大概率不会成为"啃老族"或"月光族"，因为曾经努力过的孩子知道生活的艰辛，也明白父母拥有的一切都来之不易。同时，放手培养出来的孩子不仅能力够强，也会孝敬父母、懂得仁爱。

父爱参与，为成长注入活力

爸爸花一些时间跟孩子在一起，对孩子的心智发展非常有好处。一般跟爸爸在一起时间多的孩子，性格相对来说要开朗一些，而且遇到事情会更加理智、坚强。

做母亲这么多年，我有一个明显的感觉，周围的家庭，爸爸对孩子的教育和管理普遍参与得过少。家长会上，母亲多；亲子讲座上，母亲多；公园里陪孩子玩的，母亲多……好像孩子生下来以后就都是妈妈的事情了，爸爸则可以不闻不问。

我们家则不是，我先生在女儿的成长中一直和我"并肩作战"，是一个合格的爸爸。女儿小的时候，不管他多忙，只要人在北京，我们的"游戏时间"和"家庭日"都会如期进行。

所谓"游戏时间"，就是每天晚上吃完饭，爸爸或妈妈陪女儿或者一家三口一起玩一会。"家庭日"则是每个周末，必须抽出一天的时间，三个人在一起，要么出去玩，要么在家，谁也不许安排别的事情。

因此，女儿从小和爸爸的感情就非常好，有的时候爸爸出差时间稍微长一点，她就会很想爸爸，不停地念叨爸爸。

爸爸花一些时间跟孩子在一起，对孩子的心智发展非常有好处。仔细留意身边的孩子，就会发现，一般跟爸爸在一起时间多的孩子，性格相对来说要开朗一些，而且遇到事情会更加理智、坚强。

女儿小的时候，我和先生各有分工，学习一般由我来管，先生的任务就是陪女儿玩，逗女儿高兴。这样的"管理结构"持续到高中，因为我对女儿的学习已经无能为力，她的那些功课对我来说差不多都成了"天书"——看不明白了。女儿上高三的时候，先生正好工作不是特别忙，就加入了几个关于孩子高考的QQ群，并阅读了大量关于高考的资料，切实参与到了女儿的学习活动中。

在前面我提到，先生初管女儿学习的时候走了一小截弯路，就是无目的地给孩子准备参考资料。但后来他转换了方式，对女儿的学习帮助非常大。高三的每次模拟考试后，先生都会给女儿写一封信，分析问题，提出建议。他特意强调的优化学习方法和制订计划两个方面对女儿帮助最大。

女儿学的是文科，文综的考题往往把政、史、地三科的知识结合起来考查学生的综合分析能力，先生就利用业余时间大量翻看我家存放的《中国国家地理》《读者》等杂志，把其中综述性的文章复印下来，提供给女儿。他还每天读报纸，把自己认为写得好的社评等剪下来作为素材让女儿认真读。女儿受益匪浅，毕竟高三的她仔细看各种书籍的时间有限，爸爸有针对性的准备，为她省去了许多时间。

最为可贵的是，先生把许多资料仔细整理，认真阅读过后，内化成自己的东西，在吃饭或者接送女儿的时候以聊天的方式传达给女儿，让女儿在不知不觉中就学习了。真可谓用心良苦。

孩子上了高中以后，爸爸确实应该花一些时间关注孩子的成长，当然，不见得是像我先生那样关注学习。爸爸的另一个重要作用是对孩子心理的调适。处于中年时期的爸爸们大多数都很忙，而且远离课本多年，对孩子的学习不一定能帮上什么忙。然而，跟大部分妈妈比起来，爸爸的理智、果敢等性格特质以及观察问题的敏锐度、思考问题的深度等都要强得多，这无论在学习上还是其他方面，对孩子的帮助都会很大。

孩子到了高三阶段，大多数妈妈都很焦虑，虽然她们尽量在孩子面前掩饰，孩子还是能感觉到，这种焦虑会感染到孩子，打乱孩子的节奏。相反，大多数爸爸会比较冷静，这个时候如果爸爸可以把日常事务的侧重点稍微往家里倾斜一点，多过问一些孩子的事情，可以很好地缓解妈妈和孩子的紧张情绪，对孩子备战高考是很有益处的。

一个朋友给我讲过她女儿的事情。她女儿高中上的是本省的重点高中，为了不给女儿压力，她总是告诉女儿在学习上"差不多就行了"，后来女儿考上了一所二本学校。女儿上大学后，言语中流露出妈妈当年所谓的"差不多就行"其实对她是一种暗示，让她觉得自己没有能力考上更好的大学。据我观察，许多母亲都会有这样的做法，一是出于母亲保护孩子的天性，无论孩子做什么都会心疼孩子；二是因为女性保守的个性。

相对于妈妈的保守，一般爸爸都比妈妈激进一些，他们会给孩子一个相对高的目标，如果这个目标不是很过分，对孩子就是一种激励，容易使孩子发展得更好。女儿高三时，先生的肯定与鼓励对女儿帮助很大。学理工出身的先生喜欢用数字说话，报志愿的时候，他为了说服女儿报考北大，就把女儿高二以来的各科成绩都做了统计曲线图，让女儿对自己的进步一目了然，从而充满信心地"进军"北大。

据中国青少年研究会的研究结果显示，青少年中的问题孩子很大一部分是出自缺少父爱的家庭。中国的部分男孩"女性化"

严重，其中一个原因也是从小到大父亲很少参与到教育活动中。为此孙云晓教授还写了《拯救男孩》一书，专门讲述了父爱缺失对男孩子的灾难性影响。

可以说，孩子的高中阶段是在父母身边的最后一个时期。上大学后，绝大多数孩子会远离父母到外地求学，就算在本市上大学，也会住校，而且上了大学，社会活动多起来了，孩子跟家长在一起的时间会越来越少。

如果家里是男孩，爸爸这个时候跟他的交往就应该以两个男子汉的方式进行，潜移默化地教会孩子走入社会待人接物和处理各种事务的本领。而高中女生，已经到了青春期后期，爸爸对女儿在学习和生活上的照顾，可以让女儿无论是感情还是社会交往方面，都更加深刻地了解男性，为她将来走向社会和婚姻打下良好的基础。

我读过一本书，书名叫作《爸爸影响孩子的成功，妈妈影响孩子的幸福》，书里讲的内容已经模糊，但是书名我一直记得非常清楚，因为这个书名的理念我非常认同：在教育孩子的过程中，爸爸和妈妈一个都不能少，对孩子的影响都很大。

家长示弱，给孩子强大的机会

家长要帮助孩子成长，看着孩子成长，等待孩子成长，而不能代替孩子成长。只有松开束缚，站在孩子后面，孩子才能发展得更好。

这个至今依然让我记忆犹新的故事，是女儿初三的时候我听到的。那是中国青年政治学院党委书记陆士桢教授讲的一件真实的事情。

某一年新生报到后，一位家长找到陆教授，希望给他的儿子调换一下宿舍。陆教授问为什么，那位家长说他儿子被分配的宿舍在厕所对面，味道太大了，他儿子受不了。陆教授毫不客气地问那位家长："那么你说我把谁家的儿子换到那个宿舍？你的儿子能闻到臭味，农民的儿子就闻不到臭味了吗？"那位家长识趣地离开了她的办公室。陆教授后来听说，那位家长是某省的高官。

这位高官估计是已经习惯利用特权了，而且屡试不爽，没想到在陆教授这里碰了钉子。

可怜天下父母心，我理解这位家长对儿子的疼爱之心。可是，这样的教育方式却值得商榷。毕竟父亲的权力是有限的，在他所辖的范围内管用，到了别的地方也许就不管用了。况且孩子将来走向社会还会遇到更加复杂的问题，难道每一件事情都要父亲出面来解决吗？

这件事情虽然有些极端，听来却非常震撼人心。在对孩子的教育方面，我们大多数人虽然无权无势，却也做着跟这位父亲一样的事情，那就是对孩子过度呵护，一切事情都包办代替。

作为家长，我们打心眼里希望孩子有朝一日超越自己，成为一个有爱心、有能力的人，但是结果却往往跟我们的愿望背道而驰。在父母的庇护下长大的孩子，要么心有余而力不足，无法在社会上行走，成为"啃老族"；要么缺乏对父母的孝爱之心，成为自私的"白眼狼"。

听了陆教授的故事，我也反思了自己对女儿的教育。庆幸的是，我一直注意对孩子生活品德的教育，比如我在女儿很小的时候就让她帮我洗碗，她自己的小衣服我也会让她自己洗，等等。我想，她应该学会这些，即便现在不用做，将来有一天她总会用得上。

后来发生的一些事情，让我知道我们是可以放心放手的。

那是一个寒冷的冬天，病毒性感冒让我彻底病倒，偏巧先生又出差了。女儿放学回家，我挣扎着把饭菜端上桌，告诉她我浑身疼痛，好像是病了。她伸手摸了下我的脑袋，赶紧拿来了体温计让我量。一边吃饭一边跟我说："吃完了，赶紧把药吃了，然后去睡觉啊，碗筷我来洗。"我迷迷糊糊躺在床上，听她在厨房洗碗，然后给暖瓶灌水。迷迷糊糊中，听到她悄悄地进我屋子，帮我把床头的灯关掉，并轻轻地带上了房门。第二天一早，我刚起来，她就起来问我怎么样了。而且问我早餐都在哪里，怎么弄，然后自己吃了早餐。

这件事，我感慨良久，感动得眼泪都出来了。

女儿上高中以后，周一到周五的晚上我一般不让她帮我干活，因为她太忙了，我怕耽误她时间。然而那一次，我明白女儿其实是可以帮我们分担一些家务的，即使分担了，她也还是可以安排好学习的。

在此之前，我是能撑就撑的那种妈妈，就算是病了，也坚持着，孩子问起来，我都告诉她"没事"。后来我才知道，这种状态给孩子的感觉就是妈妈永远"刀枪不入"，充满了活力和激情。可是实际上，人的精力是有限的，家长平日事情也很多，时常会很累、很烦，也有想躺下来休息或者偷懒不做饭的时候。与其硬撑，倒不如在适当的时候也示一下弱，给孩子一个孝敬父母的机会，让孩子知道父母也是需要他们的关爱、需要他们的支持的。我想这也是对孩子一种最好的爱吧。

有一段时间，我周末都在上课，而且上课地点很远，要一个多小时才能到家。一次我给女儿发了个短信，告诉她我会回家晚一些，让她看看冰箱里有什么东西，洗好了切好等我回去再炒菜。

我进门的时候，发现女儿正系着围裙在厨房里炒菜。我进去，发现她的旁边放着菜谱，正一边学习一边操作。原来，她看了看冰箱里的菜，然后上网打印了菜谱，照着菜谱做饭呢。看我进来，跟我说："老妈，以后把你的手艺教给我，这样你忙的时候我就可以帮你做饭了。"

从那以后，我要是忙赶不回家，一个短信给她，就会有现成的饭菜可吃，虽然菜式非常简单。

后来跟女儿谈到这些话题，她说其实许多时候她是想帮我们做事情的，只是不知道如何下手，也害怕做不好挨批评。她也说，她的独立能力有时候是她自己争取来的，比如有好长一段时间，她放学不让我们去接她，而要自己回家。她说，坐公交回家更能体验和感悟生活，因为公交车上的故事很多。女儿的这些话，其实是告诉父母，孩子都有长大的需求，家长只要满足这个需求，多给孩子几次机会就可以了。

爱是永恒的话题，如何爱却是我们这一代家长需要学习的。孩子学走路的时候，家长都会把手放开，往后退一步，让孩子走得更稳更快；孩子学骑自行车的时候，家长扶着车把的手也要放开，车子才会飞驰。人生的路何尝不是如此？只有松开束缚，站在孩子的后面，他们才能发展得更好。我们把孩子带到这个世界上，就要帮助孩子成长，看着孩子成长，等待孩子成长，而不能代替他成长。

事实上，在如今这个信息时代，孩子强于我们的地方很多。所以说，该示弱的时候就要示弱，只有我们"弱"，才能促进孩子"强"。

把"亲子时间"放在厨房

把"亲子时间"移到厨房里,我们一家不仅通过这短短的时间培养了亲子间的和谐关系,我和先生也轻松地了解了女儿的近况,女儿也从中锻炼了生活能力。

    女儿小的时候,我们家有固定的"游戏时间"和"家庭日"。上高中后,她的事情越来越多,且因为自主意识增强,越来越不愿意和我们一起"玩"了。因此,晚上的"游戏时间"被无休止的作业挤掉,"家庭日"也被她那些要好的朋友夺走了。先生非常失落,他常说:"才上高中就跟父母这么疏远了,等将来上了大学结了婚,更不跟咱贴心了!"

    其实,高中孩子和父母的疏离是正常的。因为在他们的内心,觉得自己已经是大人了。同时,在他们的眼里,父母的想法和做法都非常out，根本无法交流。然而孩子毕竟是孩子，就算他们的个头超过了父母，思想也逐渐成熟，但许多事情还是需要父母帮他们把握。可是家长都没有时间跟孩子一起相处了，怎么能了解孩子的内心想法并提供帮助呢？

一天下午，女儿放学回家比较早，看我正在厨房做饭，就跑进来说："老妈，我帮你切菜吧！"我喜出望外，赶紧让出手中的菜刀，让她帮我切菜。切好菜，她又要求炒菜，说是想跟我学习厨艺，等将来到外地工作或者出国求学时做给自己吃。

我俩一边弄着饭菜，一边聊着家长里短，不知不觉一顿饭就上桌了。饭桌上，一直在沙发上看报纸的先生问："聊什么呢？除了抽烟机的噪声，就听你们娘儿俩大声嚷嚷了！"

女儿调皮地说："女人的秘密！"

其实真没聊什么秘密，她也就是告诉我班里谁在课堂上闹笑话了；外班哪个女生追他们班长，被他们班女生集体堵截在教室门口了，等等。不经意间我会问问她对那些事情的看法，目的就是了解她的想法，套套她最近的动向。

这次偶然的经历，让我发现了和女儿轻松交流的又一个好方法。她既然喜欢帮我做饭，那我为什么不把母女间"亲子时间"的地点选在厨房呢？于是，只要她愿意，我们就会在厨房里进行一次"有滋有味"的"亲子时间"。

我发现，人与人要是处于平等地位，因为没有压力，就很容易敞开心扉。在厨房做饭的时候，我和女儿都是"厨娘"，干着同样的活，所以女儿说话就不怎么设防，我总是能了解到平时了解不到的东西，我也可以趁机把我对一些事情的看法告诉她，供她参考。

在这一过程中，女儿也学会了一些简单的菜的做法，母女间的交流非常和谐与融洽。

我们一家喜欢吃包馅的食品，因此饺子是我家饭桌上的"常客"。发现了在厨房可以和女儿交流得很通畅以后，我就经常在周末张罗包饺子，因为这样可以全家一起动手，不仅能很快就吃上饺子，还能把先生也拉到"亲子时间"里来，而且又锻炼了孩子的动手能力。

包饺子的过程很有趣，所以女儿和先生都很愿意参与进来。我们一起包饺子的时候，会因为不会把面疙瘩搓成条而相互揶揄，也会因为包出的饺子大小和形状各异而哈哈大笑。

包饺子的几个环节如果协调不好的话，还会出现"窝工"现象。为此，女儿和她爸爸还专门计算了如何分工协作，才能保证三个人在整个过程中都不会闲下来。

管理、技术、团队协作，在小小的包饺子过程中都会体现出来，女儿得出的结论是"包饺子并不是一件简单的事情"。是的，任何看似简单的事情要想真正做好，都不是想象的那么简单。我想，女儿从包饺子这件事里能够有所体会。往大了说，"实践出真知"，要想让孩子有所体悟，必须让他参与到实际做事的环节中来。

把"亲子时间"移到厨房里，我们一家不仅通过这短短的时间培养了亲子间的和谐关系，我和先生也轻松地对女儿的近况做了了解。在这样的活动中，女儿不仅锻炼了生活能力，而且通过亲自"操持"家务深刻体会到了家长的辛苦。在我看来，这实在是一个不错的家教方法。

如果家里有个男孩，且父母跟孩子的沟通不够畅通的话，我建议除了像我家那样利用厨房来做亲子交流，爸爸还可以把他带到球场去。我一向认为，两个男子汉的身体冲撞就是最好的交流方式，而且处于完全平等的状态。运动放松以后，沟通的渠道就会自然而然地被打开，沟通的效果也就不言而喻了。

缝缝补补中感知 "慈母手中线"

东西可以买到，却买不到创造过程中的快乐和满足感，更买不到对生活的深切感悟。让孩子学会打理自己的生活，这样的本领，会让孩子受益一生。

我13岁的时候，考入县城的中学，开始了一个学期回一次家的住校生活。离家前，妈妈手把手教我拆洗被褥，并教我缝制了一件衣服。之后，每次假期一回家，妈妈就提前准备一些活让我做，比如裹好一双千层的鞋底，让我假期来纳，或者准备一双鞋垫，让我回来绣上花。做饭更是不用说，就算有时候不让我动手，她也会一边做一边告诉我该如何做。

我妈妈是个典型的农村妇女，她不识字，从来没有过问过我的学习，大学在她的意识里也是模糊的。在她朴素的育儿观里，女儿终究要离开父母，无论是外出求学或者嫁人，最起码要学会的应该是打理自己的生活。

然而，就是妈妈教我的这些"本领"，让我受益匪浅。

我上中学甚至大学的时候，都没有被罩可以用。所以，我总是在假期结束前，把自己的被褥拆洗得干干净净。上了大学后，还帮宿舍里的同学们缝制。在同学们的夸赞声中，我的自我价值在内心升腾。

刚生女儿的那一年，婆婆告诉我，她会在入冬前把女儿的棉衣做好捎到城里来。结果，冬天都来了，婆婆做的棉衣还没有捎来。起初，我只好给女儿穿两件毛衣御寒。后来，我一急，就在商场买了布和棉花，回忆着妈妈教我的做衣服的方法，给女儿做了小棉袄和小棉裤。看着女儿穿着我亲手缝制的衣服，心里那份甜蜜和满足真是无以言表。

那一刻，我对妈妈充满感激。她不仅教会了我生活的技能，更让我明白了人生的价值。

有了这样的人生经历，我在教育女儿的时候，顺延了妈妈朴素的教育观，把生活品德放在第一位，学习放在第二位。

女儿看我织毛衣，要学，我就手把手地教会了她；看我做十字绣，还要学，我也教会了她。于是，她高一的时候就围上了自己织的围巾；送朋友的礼物有时候会是自己亲手绣的一件十字绣作品。

女儿的校服裤子长了，我只告诉她应该如何去做，就让她自己去弄了。后来她自己创新，把松紧带穿进裤脚口的折边里，不用裁剪还挺时尚，竟然还有同学模仿她的做法。有时候买了衣服，有不满意的地方，她会亲自动手做个小改动，比如加个蝴蝶结，衣服马上有了另外一种味道。

高二时有一段时间，我给女儿收拾屋子的时候，总能发现正在缝制的小兔子。我不动声色，当没有看到。我和她爸爸结婚纪念日的时候，她拿出了三只缝制在一起的"亲子兔"，作为礼物送给我们，两只大兔子牵着一只小兔子，特别可爱，可把我们高兴坏了。

高三时的一天，她拿回来一个毛绒小狗，缺了一只眼睛，说是跟同学夸下海口，可以缝得跟另一只一模一样。我怕她丢面子，要求帮忙，她没答应，还是自己缝了，而且效果非常好。

有的家长觉得孩子做这些事情会耽误学习时间，因此阻止孩子从事这些活动。记得女儿小学的时候，有一阵子迷上了用塑料绳编制手链，甚至拿到学校里去编，同学们看到后也有跟着编的。一位妈妈就打电话给我，让我告诉女儿不要在学校里编那些玩意儿，因为她女儿也跟着编，都不好好学习了。殊不知，这些也是学习，是课本以外的一种学习，甚至是比课本学习更重要的一种学习。因为只有动手，才能叫作实践，"实践出真知"啊！

还有人说，如今物质极大地丰富，什么东西都可以买到，没有必要让孩子学习这些缝缝补补的活，我不那么认为。东西可以买到，却买不到创造过程的快乐和满足感，更买不到对生活的深切感悟。

我感谢我的妈妈教给了我缝缝补补的本领，我相信我的女儿也有一天会感谢她的妈妈。

不要谈"网"色变

网络的好处有很多，家长不应该谈"网"色变，一味阻挠孩子接触网络，而要首先改变自己的教育方法，一方面了解并满足孩子的内心需求，让他感受到爱和关怀，另一方面对孩子进行正确引导，让他合理利用网络。

中学生是网民中很强的一支力量，我所接触的中学生几乎没有不上网的。网络已经成为人们生活的一部分，也成为中学生课余生活的一部分。然而，就在网络这么普及的情况下，许多家长却谈"网"色变，认为网络影响了孩子的学习，影响了孩子的正常生活，并想方设法掐断孩子上网的途径。

我认识一位朋友，她的儿子上高中。她为了杜绝儿子上网，把家里的电话线断了。后来发现儿子用手机上网，一气之下，把儿子的手机没收了。没过几天，儿子又拿回来一部手机。问儿子哪里来的，儿子说是借同学的。可实际上，儿子的手机是用自己的零花钱买的，而他买手机还是为了上网。

为什么这个孩子那么急切地想上网呢？因为那一段时间正在举行世界杯，酷爱足球的孩子特别想从网上了解世界杯的情况，和同学们交流对世界杯比赛的看法。而妈妈把网络断了，他没有办法，只好偷偷用手机上网。妈妈发现后，不分青红皂白把手机也给没收了。最后，只能自己掏腰包再买一部手机，撒谎骗妈妈。

说起这件事情的时候，朋友很是义愤，觉得儿子一点不体谅大人的心，不知道大人是为他好。我跟她说："儿子没有去外面的网吧，你就偷着乐吧！"

确实，现在被网瘾困扰、被网恋伤害的青少年日渐增多，但家长也不能因噎废食。

家长应该分析孩子上网到底是做什么，网络为什么有那么大的吸引力。只有找到源头，从根本上解决问题，孩子才会适度利用网络而不耽误学业。像上面说的孩子，家长就应该跟孩子充分沟通，如果正如孩子所说，是非常想了解世界杯的情况，那么不妨就让孩子上网。愿望满足了，他关了电脑以后，就会全身心地投入到学习中。否则，就算他勉强坐在那里翻着课本，而脑子里想的依然是世界杯，那就跟家长的愿望背道而驰。

做家长的往往是这样：总是觉得自己做什么都是为了孩子好，可实际上家长所谓的"好"跟孩子的需求是有差距的。其实，有许多事情是孩子成长过程中必须要经历的，家长的无端剥夺会让孩子的成长史"留白"，这并不是好事，严重的会导致孩子将来长大后出现各种心理或者行为上的问题。

在目前的大环境下，如果周围的同学都上网，唯独你家的孩子不上网，有时候表面看起来平安无事，其实已经对孩子造成了一些负面影响。

首先，孩子可能会闭目塞听。如果你的孩子在家并不读报纸，也不看电视、听广播，那么他的信息从哪里来呢？他每天或者每个星期上上网，就可以获取最新的动态信息，无疑可以弥补不看报纸和电视的缺憾。

其次，他可能会在同学中因为孤陋寡闻而变成"孤家寡人"。同学们都上网，言语间谈论的都是网络上流行的那些消息，而你的孩子却不知道，他会在同学中变得"不合群"，严重的还会被同学耻笑。而中学生又非常渴望得到同伴的认同，长此以往，孩子会产生自卑心理。这种态度转嫁到家长那里，就是对家长的怨恨、愤怒和逆反，就是你越不让他上网他就越要上，这也就是为什么那些有网瘾的孩子跟家长关系都很糟糕的一个原因。实际上，那些孩子并不是因为真的对网络有那么大的兴趣，他们只是为了引起关注才故意与家长对抗。

在我家，我们从来没有限制过女儿上网。我只是采取了一点小措施，就是借口书房光线太暗把电脑从书房搬到了客厅。之所以这样，也是对女儿有一个警示，希望她不去浏览不必要的信息和没有限制地聊天。

我在网站做了好几年的编辑，每天都在网上工作；先生自己经营一家网站，每天也在网上工作。网络对于我们来说，就是工作的平台，就是获取信息的工具而已。我们认为网络对于女儿也应该是工具，可以为她提供她需要的帮助。事实证明也确实是这样的。

女儿上网，一个目的就是搜集信息，用以帮助她日常的学习和工作。女儿是班里的宣传委员，经常要为班里出板报，因此她上网的时候总要搜一些好的文章或者图片，储备起来，到时候好用。她还把网络作为词典来用，有的时候看书，遇到不明白的事情，她就会立刻到电脑上去查。如果我们在电脑上忙碌，她会"勒令"我们帮她查并打印出来。

当时，在北京的中学生中间非常流行看美剧，女儿就经常在网上下载美国的电影和电视剧，利用空闲时间观看。看美剧是一个练习英语听力和口语非常不错的办法，毕竟美剧里的对话都是日常对话，语速就是美国人平日说话的语速，比学校里发的课本配套听力磁带的发音要标准得多，且词汇丰富。我感觉女儿的英语听力和口语不错，跟平日坚持看美剧有一定的关系。

女儿上网，还有一个目的就是和朋友们交流。女儿高一、高二，甚至到了高三的第一学期，几乎每天都要登录人人网，看看并回复同学们的留言。那时，人人网是一个非常受中学生欢迎的社交网络。女儿从小学到高中，几乎所有的同学都在人人网上注册了信息，有几个出国的同学也会时不时上网跟大家交流一下在国外的学习情况和其他见闻。女儿上网的时候，经常把我叫到跟前，让我看她的那些同学分享的东西。内容非常广泛也非常精彩，有对当下时事的点评，有对娱乐明星的八卦，还有一些放松搞笑的视频、图片等，应有尽有，简直就是一个小小的虚拟社会。

我发现这一代孩子的一个好处就是毫不矫情，有什么都尽情跟朋友分享。女儿也一样，要是自己发现一个什么好东西，必定第一时间上传，让所有的好朋友都知道。我经常能听到她打开人人网的时候哇哇大叫或者哈哈大笑。因此，我觉得让孩子适当地到网上跟同龄人交流，保持友谊的同时也是一种很好的放松。

孩子们上网，还有一个积极的作用，就是宣泄情绪。有一次，女儿在厨房洗碗，她的人人网页面没有关闭，我就顺便浏览了几个她过去同学的网页，看到一个小时候跟她一起长大的男孩在他的空间里写着："去他妈的考试，去他妈的学习，去他妈的恋爱，去他妈的……"长长的一串都是骂人的话。

我就去跟女儿交流，我说："小帅现在怎么变成了那样，满口脏话。"

女儿跟我说："他平时文质彬彬着呢，在网上说那些话只是发泄一下而已，发泄完了就又正常了。"

我就说："怎么这样发泄啊。"

女儿说："要不怎么发泄？有的时候我们实在是烦，跟家长说吧，家长不高兴；跟老师说吧，不可能；跟同学说吧，谁理谁啊？尤其是那些男生。只有在网上发泄了！"

随后她又说："老妈你多心了，这一点都不算什么，这恰恰就是网络的好处，打不还手，骂不还口，自己还解了气！"

想想也是，孩子们的压力很大，在网上尽情地发泄一下，确实不无好处。我曾经在一次家庭教育课上听过一句话："眼下中国的教育体制下，如果不是有了博客，还不知道有多少中学生得抑郁症呢。"女儿的话不就是这个意思吗？

因此，我觉得家长真的没有必要限制孩子，只要引导正确，让孩子在闲暇时间上上网，好处还是很多的。

那些有网瘾的孩子之所以不顾家长的劝阻，不考虑自己的前程，把大把的时间浪费在虚拟的游戏或者聊天上，是有客观原因的。

一次我跟一个开发网络游戏的朋友谈起这个话题，他的话不无道理，他说："所有的娱乐项目都是有成瘾机制的，要不做娱乐项目的人怎么赚钱？"

再深入一层，他说网络游戏之所以那么吸引孩子，是因为在那个"世界"里，孩子们可以得到欣赏，得到奖励和肯定。在游戏世界里，孩子做错了事情没有指责，程序还会告诉他没有关系，可以重新来一次，孩子收到的信息永远都是接纳和鼓励。而成功以后，程序会给他奖励并让他升级，随着奖励的增加和级别的升高，孩子从中享受到了无限的自豪感和力量感。

在游戏世界里，青春期孩子那种被接纳、被认同、被肯定的内心渴望一再被满足，他的自我价值不断提升。回到现实中，孩子一犯错误，就被家长百般指责，不是说他笨，就是说他懒，有时甚至遭到打骂。孩子好不容易取得一点成绩，却被家长认为是应该的，没有鼓励。时间一长，孩子就觉得自己在这个世界上无足轻重。因为内心的渴望在家里长期得不到满足，孩子的郁闷无处排解，无奈之下才迷上了网络。

引导孩子从网瘾的困扰中走出来，需要改变的恐怕不是孩子，而是我们家长。家长如果能改变一下"教养"方式，建立良好的亲子关系，尽量满足孩子的内心需求，孩子慢慢会改变的。只是家长要有足够的耐心和信心，因为"冰冻三尺，非一日之寒"，孩子的改变是需要一个过程的。

05

备考

和孩子
一起进入冲刺阶段

模拟考试、报志愿、高考、复读、留学……
每一个环节都是对孩子的一次考验。
高中三年最后的备考是孩子即将踏上征程时，
对心理、毅力、抉择能力等的一次演练，
这时家长的帮助和引导会让孩子一生受益。

模拟考试的重要作用是查漏补缺

模拟考试只是高考前的演练，家长千万别对考试成绩患得患失，同时也要告诉孩子把心态放平，考好了不沾沾自喜，考坏了不垂头丧气，而要认真找出不足，及时补足缺口。

    每年高考前，各个地区都要组织几次全区的统考，通常我们把这几次考试叫作模拟考试。女儿在高考前，接受了三次海淀区这样的统考，一次是高三第一学期的期末考试，另外两次就是4月初的一模和5月初的二模。

    女儿学校高三的复习采用"车轮战"，老师带着孩子们把所有的知识点复习完一轮，再复习一轮，到二模的时候基本上会复习三轮。二模完后，才进行综合复习。据说，第一学期期末考试的题目是最难的，目的是让孩子不要松劲，继续努力复习；4月初的一模考试题目的难度最接近高考的难度，目的是让大家摸清自己的位置，为填报志愿做准备；而5月初的二模题目则比较简单，因为离高考还有一个月的时间，简单的题目可以给孩子信心。

女儿的前两次考试都考得不错，二模则出现了小小的跌落。然而不管考得如何，女儿都一直保持着积极的状态，且这种状态一直保持到高考前一天的晚上。我不知道这跟我们不把考试分数当回事有没有关系。不过高三的最后时刻还能保持淡定，我挺佩服女儿的。

中国的高考可以说决定着每个考生的命运，因此模拟考试也有着无可替代的作用。

首先，模拟考试的成绩是孩子填报志愿的参考。像过去先报志愿后高考的地区，模拟考试的成绩尤其具有参考价值。因为每次模拟考试结果出来后，每个地区都会对孩子进行排名。根据这个排名和往年这个位次孩子所考取的学校，家长和考生可以选报适合自己的学校和专业。

其次，模拟考试可以让孩子提前适应高考的节奏。因为模拟考试的时间安排、考试题目设置等都跟高考一样。通过几次考试，孩子基本可以把握自己在考场上做题的速度，合理分配做题的时间，不至于高考时手忙脚乱，出现时间不够用的情况。家长也可以配合孩子的作息时间，在饮食等方面做一下演练。

再次，模拟考试还可以帮助孩子增强心理适应能力。因为高考的重要性，几乎所有的孩子都或多或少存在心理压力。模拟考试可以让孩子提前感受高考的氛围，提前进行调适。

最后，模拟考试还能起到查漏补缺的作用。在我看来，这也是最重要的作用。每年模拟考试的时候，孩子书本上的知识都学完了，通过考试正好可以摸清楚自己哪些知识点掌握了，哪些知识点没有掌握，还有哪些知识点模棱两可。我一直对女儿说："每次考试就是一次练习，目的就是查漏补缺。"我还告诉女儿："模拟考试错得越多，你的收获就越大，这说明你的问题都暴露出来了。"

我知道女儿听进去我的话了，但是二模成绩出来后，她还是情绪低落了几天。好在她很快就恢复了状态，对二模做了认真的总结，并列出了下一阶段的学习计划。

我认为，模拟考试考得不好，影响情绪是正常的，但最关键的是要找到问题的症结并积极应对，这才是最大的收获。女儿的班主任在这方面对孩子们的引导就特别好，每次考试结束，她都要求孩子们写一份非常详细的总结，并提出下一步的计划。而且，每个孩子的总结她都认真阅读，并给出评语，这让我非常敬佩和感激。

女儿除了配合老师做总结之外，还每次都把老师批阅过的总结和计划贴在她写字桌的上方，以便督促自己遵照执行。

高考结束的时候，她的墙上贴着好几张这样的总结。

我看到一份总结有一段是这样写的：

语文：111

这个成绩很不理想，不过客观来讲，这段时间集中精力解决的基础知识和诗歌部分有了成效。下一步目标很明确，即非选择题部分的阅读，200字延伸题和作文。通过更多的思考总结，不断调整，在下个阶段解决这些问题。

这是高三第一学期期末考试她对语文考试的总结，当时她的语文成绩在年级排第23名，经过几个月的努力，到高考的时候，她的语文成绩在年级排第8名，进步非常大。

一模后她对数学的总结是这样的：

数学：122

①选择题和填空题错误率低，但最后两个难题做出来了，前面的中档题还出错，还要更加心平气和，谨慎地算。

②解答题的问题主要出在解析几何，要加强训练。同时，平时做题要注意精确完整，不扣七零八碎的分。

一模后她真的抽出时间狠狠地攻了几天解析几何。高考的时候，她的数学成绩在语、数、英三科里最好，获得了137的高分，从高一、高二时的弱科变成了最后的强科。

　　模拟考试的作用虽然有许多，但孩子最后的目标是高考，因此，家长自己一定不要对模拟考试的成绩患得患失，同时也要告诉孩子这毕竟不是高考，只是高考前的一次演练。虽然模拟考试距离高考的时间很近，但如果冷静地面对，考好了不沾沾自喜，考坏了不垂头丧气，认真找出不足，及时补足缺口，相信就算时间短暂，成绩也会有所提高，毕竟高考前所有的知识点都已经学完，需要解决的正是那些有欠缺的地方。

高校自主招生——诱人的鸡肋

自主招生好比"鸡肋"，食之无肉，弃之可惜。家长和孩子一定要正确看待自主招生的结果，不要将所有希望放在上面，也不要因为考试的成败而影响高考。

　　女儿对北大情有独钟。小时候，她上的是北大幼儿园，每天从幼儿园把她接出来，我们都会带她在北大校园玩到天黑才回家。办公楼前、未名湖畔、五四操场，到处都留下了她小小的脚印。离开幼儿园后，我们还会经常带她到北大校园里去玩耍、打球、看演出等，那时她就喜欢上了北大。进入高三，她每周末都会去北大的教室上自习，感受校园浓厚的学术气息。她说如果能考上北大，哪怕是最次的专业她也会好好学习的。

　　然而到了高三以后，我们研究了她高中以来历次的考试成绩，发现考上北大的希望不是很大。不过，要是能拿到20~30分的加分的话，再努努力，还是有可能的。

于是，我们想到了北大的自主招生考试。

对北大自主招生考试的办法做了详细的了解后，我们知道：北大的自主招生加分从5分到30分不等，竞争非常激烈，且加分比例非常低。2010年，女儿所在学校文理科加起来也只有4人获得了北大的加分。

然而依照往年的惯例，大家明明知道加分的希望渺茫，还是都愿意试一下，毕竟"1分就是一操场人"的吸引力非常大。而且只要能通过笔试进入面试，就可以获得5分的加分，这虽然是最低档的加分，但对于高考竞争中的孩子们来说，还是非常给力的好事情。

因为我们非常"觊觎"北大的自主招生加分，所以也打算"赌"一把。虽然女儿的成绩并不是特别拔尖，但是考虑到她的综合素质相对来说强一些，所以就抱了一丝希望，整理了女儿的资料，通过自我推荐的方式在北大招生网报了名。

说实在的，虽然递交了资料，但我们一家人对加分这件事心里是没底的。最后我们全家人达成了共识，把参加北大的自主招生考试当成一次"捡分行动"，捡到了自然好，捡不到也没有损失，因为这样的考试对高考没有任何影响。其实，我更多的想法是让孩子多一次体验的机会，多一些经历。心态调整好了以后，女儿抱着顺其自然的想法，考前并没有特意地去复习准备。

还好，初审通过了。

2011年2月19日和20日，女儿奔波了两天，分别参加了"华约"和"北约"①组织的自主招生笔试。之所以参加"华约"的考试，是因为女儿拿到了人民大学自主招生学校推荐的资格。考完后，女儿只说了句："你们别问啊！"就再也无话。看女儿的状态，就知道考得不是很理想，于是我们便没有多问。

两个星期后，我们在北大招生网上看到女儿未能获得复试资格的通知：

李若辰同学：

你好！

感谢你参加综合性大学自主选拔录取联合考试并选择报考北京大学自主招生。

———————————

① 此处的"北约"是指以北京大学为首的高校自主招生联考同盟，"华约"是指以清华大学为首的高校自主招生联考同盟。还有一个"工盟"，是指同济大学、东南大学和哈尔滨工业大学等以工科见长的高校组成的自主招生联考同盟。——编者注

经过专家委员会审核，由于名额有限，很遗憾，你未能获得复试资格。我们将把你的申请材料转给我校在贵省的招生人员，他们将继续关注你的成长与进步，为你提供高考咨询服务。希望你不要气馁，再接再厉，争取在高考中取得优异成绩，如愿以偿，圆梦北大。

几乎同时，我们也收到了人大的通知，女儿也没有获得复试的资格。

后来得知，女儿只以两分之差与北大的面试失之交臂。

庆幸的是，因为之前我们的心态调整得比较好，女儿没有太把自主招生当回事，所以她的情绪几乎没有受到影响，自主招生考试一结束就投入到正常的高考备考当中了。

就在北大自主招生的分数下来之前，香港大学"校长推荐计划"的考试结果出来了，女儿获得了香港大学英语专业和社会科学专业20分和15分的加分。这对她来说是一个非常大的激励。如果说北大的考试稍微对她有些打击的话，那么港大的加分则为她重新找回了自信。

在报名北大和人大的自主招生考试之前，我们就得到"前辈们"的忠告，说自主招生是高校的"掐尖"行为，报考时一定要注意。大家的说法是，如果你有把握裸分进入该校，自主也可

224

能加分，如果你裸分没有把握考进去，那么自主也很难加分。跟我们住在一个楼里的两个孩子就有这样的教训，这俩孩子一位是2009年的高考生，另一位是2010年的高考生，他们就读的都是北京市重点中学，且学习成绩都非常好。他们分别参加了2009年和2010年的北大和清华的自主招生，结果都没有获得加分。

当初我们是认可大家的这些说法的，但还是存着侥幸心理报了名，结果正如大家所说，自主招生的加分不像想象的那么容易，而且据孩子们的描述，并不像高校宣传的那样，真正注重综合素质的考察，也不是各高校根据自己的专业需求通过自主考察寻找真正有特殊技能的人才，只不过就是另外一场考试而已。也难怪大家把自主招生考试叫作"小高考"了。

女儿参加自主招生考试的过程给我的体会就是，自主招生好比一小块"鸡肋"，食之无肉，弃之可惜。

如果真要报考的话，一定要报考与孩子实力相当的高校，目的就是获得加分。日后高考如果志愿报了这个学校，就可以借助这个加分稳稳当当进入该校，并选择自己喜欢的专业。而且因为是联考，笔试环节就考一次试，并不用到处去跑。其实当时申请自主招生考试的时候，女儿的成绩也就是这个层级的水平。现在想来，这真是我们的一个失误。

还有就是别把自主招生的考试太当回事，顺其自然去考，无论结果如何，都要把主要精力放回到高考的准备上。在这一点上我们倒是做到了。我们楼那个2010年参考的男孩，他是人大附中的学生，平时实力很强，就是因为参加清华大学的自主招生考试没有获得加分，而周围有不少同学获得了加分，于是心理上受到影响，导致最终的高考成绩不理想，没能如愿进入自己向往的大学，非常可惜。

　　我国的高考和高招制度正在改革，也许不久的将来，高校的招生和学生的报考都会变成真正的双向自主选择，那时候高校便可以招到适合该校专业的学生，考生也可以进入自己真正心仪的高校和专业学习。相信这一美好的招考理想很快就会变为现实。

高招咨询也重要

临近高考，孩子的时间很紧张，家长要多在高招咨询工作上下工夫。广播咨询、网络咨询、现场咨询……都是收集信息的好渠道。

　　以前的高考是先报志愿后考试，这让家长们在报志愿期间焦虑不已、烦恼不堪。不过，心烦归心烦，志愿还是要报的。为了帮助孩子填好志愿，考入理想的大学，家长要提前做好高招咨询工作。北京具备得天独厚的条件，家长可以通过各种咨询渠道充分了解全国高校的情况，根据孩子的具体情况给孩子做好参谋。

　　一般来说，每年4月是北京的高招咨询月，各种各样的咨询活动纷至沓来。通过这一个月的咨询，家长差不多都会成为报考志愿的"专家"。我QQ上的"海淀高三家长群"里有一位2009

年考生的家长，就是因为孩子参加高考而变成了"高考通"，经常免费为我们这些第一次参加高考的考生家长做咨询。

每天在群里听别的家长讨论报考志愿的情况，也听过来的家长聊经验，可以说是我进行高招咨询的第一种方式，而且这种方式从孩子一上高三就开始了。只要有空，我都会挂着QQ，进到群里，有问题时提问题，没问题也在看大家聊相关的话题。

我正式参加咨询活动是从2011年4月1日开始的。北京广播电台为了帮助广大考生和家长报好高考志愿，每年的4月都会安排相关的咨询广播。2011年，北京广播电台的城市服务管理频道从4月1日开始，安排了整整一个月的70所在京招生高校参与的高招咨询，每天晚上都有两三所高校的招办主任做客电台，介绍本校当年的招生计划，家长还可以通过电话和短信平台就自己的疑惑向各高校的招办主任提问题。于是，多年不听广播的我在那一个月，几乎每天晚上的8点都会想办法听到广播。MP4和手机的收音机功能用上了，网络的广播功能也用上了，就算开车在路上，也会把广播频道调到北京广播电台的107.3。如果有事耽搁了，就会在事后利用网站的回听功能把落下的"功课"补上。

广播咨询每天晚上只有40分钟的时间，而且只能被动地听情况介绍，就算打电话或者发短信过去，了解的信息也非常有限。不过，作为"扫盲"课程，还是非常不错的，最起码可以了解到各校本年度招生计划数以及招生政策变化等。

现在，上网很方便，所以许多院校都有网上咨询活动。北大就有专门的网上咨询日，那一天，各院系的招生负责人会在网上解答考生及家长的各种问题。各高校一般也都有专门的招生咨询论坛，全年全天候向公众开放，并有专门的管理员每天梳理并解答大家的问题。

网络的优点就是不受地域和时间的限制，全国的考生都可以随时通过网络了解自己目标高校的相关信息，并即时留言咨询，非常方便。

女儿备考期间，我经历的最火爆的高招咨询当数高校间组织的联合咨询会和各高校的校园开放日了。

所谓联合咨询会，就是几十所高校在同一时间集中在某一所高校搞咨询，每所高校有自己的展台，并有专门人员解答前来咨询的考生和家长的问题。

比如2011年4月10日，在北京建筑工程学院就举行了一次规模宏大的高招咨询会，共有30多所高校参加。那天，我和先生怕去晚了人太多，专门一大早就去了，大约9点就进了会场。谁知我们到的时候，每个高校的展台前都已经围满了家长，问的问，听的听。要想问个问题，得费好大的劲才能挤到咨询老师的跟前。那场面，真叫一个热闹。

所谓校园开放日，就是高校在每年的高考前选定一个日子，向公众开放学校的实验室、图书馆等场馆，并在特定的地方安排专门的人员解答前来参观的考生和家长的问题。这是一种针对性更强的高招咨询。

因为5月12日就要报考志愿，所以各个学校的开放日都集中在4月的各个周末。有时一天就有好几所学校同时开放，比如2011年4月23日开放的就有首都经济贸易大学、北方工业大学、中国农业大学、北京师范大学、中国人民大学、国际关系学院等数所大学。

高校的开放时间一般只有半天，大多在上午8点到12点，如果想多跑几所大学，时间会很紧张，所以许多家长都分头行动。4月23日那天，我和先生就分别行动，他去北师大和人大，我去国际关系学院，回来后再汇总自己收集到的信息。

高招咨询最传统的办法就是各高校设置的专门的招生电话，对于不方便现场咨询的家长和考生而言，利用电话进行咨询也是不错的选择。但是因为高考前家长和考生的问题比较多，所以，高校的咨询电话经常占线，要有足够的耐心才能接通。

女儿报志愿前的那段咨询工作非常累人，我真是有些身心俱疲的感觉。

不过为了孩子，就算再苦再累，家长也愿意付出，这从每次参加咨询时火爆的场面就可以看得出来。不过，无论联合咨询会还是高校开放日，一是时间有限，二是现场人太多，所以，家长在去之前，最好做足功课，把自己要问的问题提前列个提纲，到了现场后可以有的放矢地提问。

我总结了一下，家长无论是去现场咨询还是电话咨询，需要注意的事项大概有这些：

1. 根据孩子的成绩选定目标学校。

2. 了解目标学校历年的提档分数线是多少，提档比例和退档比例是多少，服从调剂的话是否会退档。告诉招办老师自己孩子的模拟考试分数是多少，问他是否能被该校录取。

3. 了解目标学校录取的时候各专业是否有专业级差，级差是多少分。

4. 了解目标学校是否接受二志愿考生，有没有志愿级差，有的话，志愿级差是多少分。

5. 目标学校一年的学费是多少。

总之，高考前孩子时间特别紧张，没有精力去参加各种咨询活动了解各个高校的情况，家长只能在这方面多下点工夫，当好孩子的参谋，帮孩子选择他喜欢又适合他的学校和专业。

报志愿也有技巧

家长和孩子报志愿前，一定要做好咨询工作，并充分了解孩子的成绩状况，一味冲高和过度保守，都是不可取的。对高校和专业的选择，最好既能符合孩子的实际状况，又能符合孩子的心中向往。请记住，填报高考志愿，家长只能提出方案，最后的选择权一定要交给孩子。

　　我女儿高考的时候，北京的孩子们高考时需要先报志愿后考试。当时的这一点让我们这些做家长的，在4月初到5月中旬这段时间，焦虑不堪。4月初和5月初有两次模拟考试，考试结束，学校和区里甚至全市，都会对考生们进行排名，目的就是让家长和考生们以模拟考试的成绩和在区里的排名，作为5月中旬报志愿的参考。可是这成绩毕竟不是高考成绩，而且高考时还有发挥失常或超常发挥的可能。那些成绩一直稳定的孩子还好说，选择与自己水平相当的学校和喜欢的专业填报，问题不是很大。最难受的是那些考试成绩不稳定、忽上忽下的考生，用我们家长的话说就是，孩子的成绩呈"M"或者"W"状起伏，哪次的成绩都不好参考，可又不得不参考。报高了，怕高考时发挥失常落榜；报低了，又怕孩子高考时超常发挥，错过好的高校。

2011年，女儿高考时的志愿填报还是"小平行"模式，即本科一批的第一志愿只能报一所高校。因为很多高校不招收第二志愿的考生，所以，如果不能被第一志愿所报的高校录取，那么这位考生便很可能会落榜。女儿的一模成绩在区里排50多名，非常不错，这个成绩如果保持到高考的话，很可能上北大，我们暗自高兴。然而二模结果出来后，她的排名却退到了区里180多名，这个成绩又只能报人大。这一起一落的成绩，让我们做家长的很为难。也正是因为这两次不同的模拟考试成绩，我和先生就孩子报考志愿这件事，发生了很大的意见分歧，为此还闹了好长时间的别扭。

我和先生一起参加了不少咨询活动，在QQ群里也向有经验的家长和专家们做了了解，清华、北大、人大不用说了，此外包括北京外国语大学、传媒大学、厦门大学、武汉大学、南京大学等非常好的高校在内，都不会预留第二志愿名额。我们仔细看了往年的招生情况，女儿如果不能被北大或者人大录取的话，很可能被北京第二外国语学院录取，因为只有那里会招第二志愿的文科生。而女儿则表示她不愿意去那所学校，这也就是说，如果不能被第一志愿的高校录取，那女儿就只有复读了。

这可真叫一个揪心！

后来我和先生达成的共识是：我们每个人出一套或者两套志愿方案，到5月12日开始网上报志愿的时候，向女儿陈述我们各自的依据，由女儿来做选择，把决定权交给她。

我的方案是：

零批次：香港大学、香港浸会大学

提前批次：北大小语种

第一批次

第一志愿：人大

第二志愿：北京第二外国语学院

……

我认为这样报志愿的好处是，无论女儿考出哪个层级的成绩，都会有好的学校上，最次也就是人大或者香港浸会大学，不至于因为发挥失常而落到第二志愿的学校。

我之所以报港大是因为女儿参加了香港大学的校长推荐计划，并拿到了20分的加分，很有可能被录取。而且因为港校是提前单独招生，不影响第一批次的招生，可以放心大胆地报考。就算不能被录取，女儿参加港校的面试，也可以多一次经历，长些见识。

如果她分数很高，被提前批次的北大小语种录取的话，那么她就上北大。因为女儿非常喜欢北大，曾经说过"只要能上北大，任何专业都可以"。

如果她的分数不是很理想，那么就上人大，且可以挑选自己喜欢的专业。我的关键词在"稳"字和"兴趣"上。

香港浸会大学虽然比港大排名靠后，但是他们的传理学院却是亚洲第一。我当时认为，如果女儿高考成绩不是很高，但以她优秀的英语笔试成绩和口语表达能力，一定会受到浸会大学的青睐。

我认为自己的方案非常客观，且能保证孩子有不错的学校上。

先生不同意我的方案，他自己的方案是这样的：

零批次：香港大学

提前批次：北大小语种

第一批次

第一志愿：北大

第二志愿：北京第二外国语学院

……

他认为女儿有香港大学20分的加分，一定可以被录取，可以作为保底的学校。

他还对女儿高二以来的考试成绩做了认真的分析，并画出了曲线图，认为女儿虽然二模考得有些低，但是她总体的趋势是上升的，而且他坚信，女儿一定会在高考的时候考出最好的成绩。因此他觉得，女儿上北大是没有问题的。之所以报北大提前批的小语种，也是抱了侥幸心理，觉得没准北大提前批的小语种分数会低一些。

先生为了说服我，列出了一大堆理由。也不知道他从哪里得来的理论，说是"本科看学校，硕士看专业，博士看导师"，坚持让女儿上北大。我同意他的那些说法，可我总觉得他的方案太冒险，感觉那样报的话女儿一旦考不好，就会落到第二志愿。如果女儿不愿意上第二志愿的学校，再复读一年的话，第二年能不能上北大还不确定。如果女儿勉强上了第二志愿的学校，那她四年大学生活一定不会快乐。

我俩针尖对麦芒，各说各的理，却谁也说服不了谁，激动的时候会争吵得非常厉害。我说他那样会害了孩子，他说我那样才会耽误了女儿的前程。

5月12日，到了真正报志愿的时候，我们一家三口坐在一起，认真研究了到底如何报才更合理。

我和先生分别把我们的方案给女儿讲了，让女儿抉择。起初女儿觉得我的方案更加科学一些，倾向于我的方案，但并不是很坚决。我们就决定再往后推两天，让女儿好好考虑一下再填报。后来，女儿经过两天的思考，最终决定第一批次还是报北大，因为她觉得自己有实力冲击北大，如果上了人大的话，她会感觉很不舒服。不过她还是选择把香港浸会大学作为保底学校，我们尊重孩子的选择。

最终的结果，女儿被港大和北大同时录取，她选择了北大。

女儿报志愿的时候，我家矛盾的焦点主要在学校和专业的选择上，我和先生则完全尊重女儿的选择。无论哪个批次的志愿，她都选择了自己喜欢的新闻、中文、外语等专业。最终，她如愿进入北大中文系，也算是满足了她的志愿。

孩子考大学报志愿是个大事，我女儿因为成绩较好，选择的范围比较小，所以没费更多的考量。而那些中等生的家长，因为孩子的选择余地非常大，所以"功课"一定要做足了，这样才能帮助孩子选到好的学校和专业。

各省报志愿的方式和时间是有差别的：有的地方实行平行志

愿，有的地方则实行小平行志愿；有的地方是先报志愿后考试，有的地方是高考结束后估分报志愿，也有的地方是分数下来以后才报志愿。因为报志愿的方式和时间不同，报考的难度和技巧也该有所不同。总体感觉，家长在报志愿这个问题上应该做好以下几方面的工作：

第一，报考前的学校和专业咨询，以及资料的搜集工作要帮孩子做好。

这对于那些中等学生非常重要，因为这个层级的学生可选择的学校非常多，如何在林林总总的高校中找到适合自己的学校或专业，这需要家长帮孩子们做出筛选。

第二，家长要充分了解孩子一直以来的成绩情况，实事求是地帮孩子选择适合他的学校和专业，争取做到既能进入理想的大学和专业，又不浪费考试分数。

说到这里，第一志愿的选择就显得非常关键。比如我女儿，如果不能被北大录取，很可能就落到了北京第二外国语学院，而这所学校在各方面跟人大、北外等学校差距还是比较大的。如果结果是这样的话，孩子入学以后很可能因为心理落差太大，要么回家复读，要么四年郁郁寡欢。就算所在地区的高考志愿第一批次可以报两个平行学校，也要考量这两所学校录取的分差，争取让孩子在第一志愿就被录取。

有的孩子因为第一志愿和第二志愿的级差没有把握好，第一志愿没有被录取，第二志愿也没有接住，最后导致本来考得不错却遭遇落榜的结果。因此，家长一定要充分了解各个高校第一志愿录取的分数和第二志愿录取的分数到底差多少，在报志愿的时候把这个分数级差考虑进去。

　　第三，父母双方意见不一致时，可以各自提出自己的想法。

　　后来跟朋友们聊天，发现在孩子高考报志愿的事情上，夫妻分歧很大以致发生激烈冲突的不只是我们一家。需要强调的是，夫妻双方要明白，对方只是考虑问题的角度不同，并没有对错之分。这个时候要尊重孩子的想法，不主张不问青红皂白地把自己的意志强加于孩子。

　　第四，务必把最终的选择权交给孩子。

　　因为报志愿是孩子对自己人生规划的一次演练，让他做主，等于是让他对自己的过去和将来都有一个系统的思考。而且，孩子自己做出的决定，家长和孩子都会无怨无悔。

　　对于孩子来说，我认为志愿的选择首先还是应该考虑兴趣。大学四年的大好时光，学自己喜欢和擅长的专业，孩子会感觉非常棒，学起来也得心应手，想不学好都难。

　　其次要考虑个人的潜能和发展。高考时孩子虽然还小，但是其个性特点已经形成，大致可以看出将来适合做什么样的职业。

那么从职业规划的角度考虑所学的专业，也可以做到既不浪费大学宝贵的时间，又保障了孩子的竞争力。

"路漫漫其修远兮。"报志愿只是孩子漫漫人生路上的一个岔路口而已，抉择的时候，家长也只能是孩子的帮手，这个坎过去，将来还会有深造、求职、择偶等更多的选择需要他去做。

从女儿参加"校长推荐计划"看港校

报考港校应该仔细分析孩子的情况，适合就报，不适合的话，还是就在内地选一所自己中意的大学。毕竟"条条大路通罗马"，只有找到适合孩子的路，才能最大限度地发挥孩子的长处。

2010年10月11日，女儿从学校拿回来一张志愿草表，原来她获得了香港大学"校长推荐计划"的资格。学校要求她晚上回家上网了解香港大学的情况，并把草表填写好，第二天交回学校，再由学校统一填报转交给香港大学招生处。

我非常高兴，能获得香港大学"校长推荐计划"的资格，说明女儿的实力还是挺强的。

那天先生正好在外地出差，跟他电话里简单聊了聊情况，他让我和女儿做主。于是，我们娘儿俩登录香港大学的网站，对各个院系和专业进行了了解和分析，最后根据女儿的志向和特长选定了新闻学、社会工作、文学院三个大类，并做了填报。

香港大学的"校长推荐计划"是香港大学最早进行的招生计划，女儿这一届在高三第一学期的10月份就开始了，从了解到的情况看，各省进行的时间不尽相同。这一计划就是由孩子所在学校的校长推荐品学兼优的学生给港大，被推荐的学生可以参加港大组织的笔试和面试，如果表现优秀则获得港大5~30分的加分，如果高考成绩加上这个加分达到港大的录取分数线，则可以被港大录取。

10月23日，女儿回家后说她参加了香港大学在他们学校组织的面试，并大概跟我说了说面试的情况。

港大的面试分两部分：一部分是一对一，就是考生随意跟面试的老师聊天，话题不限，但是谈话有时间限制，时间到了就要求停止；另外一部分是圆桌讨论，由面试的老师抛出一个话题，小组同学自由讨论，发表自己的见解，讨论也是在一定的时间内进行。跟国内大学面试的不同之处在于，港大的面试老师几乎都是高鼻子白皮肤的外籍教师，而且整个会话过程都要求用英文，不能说中文。

女儿说她运气挺好，一对一面试时，她的面试老师是学生物的，一上来就跟女儿说她喜欢昆虫，并且正在研究昆虫。这话题对了女儿的胃口，她从小就对昆虫着迷，三年级的时候就阅读了法布尔的《昆虫记》，不仅在野外活动的时候喜欢观察各种昆虫，而且在家里亲自喂养了毛毛虫、吊死鬼、蚁狮、蚕等昆虫，遇到问题还喜欢查阅工具书，了解昆虫的相关知识。后来虽然学了文科，但是因为喜欢，所以生物成绩也相当不错。于是，当老师告诉女儿她喜欢昆虫的时候，女儿的话匣子一下打开了，从下雨天照顾路边的蜗牛不被伤害开始谈起，竟然滔滔不绝，直到外面有人敲门提醒她们时间到了。面试老师来了句："Wow，talk so much!"她和老师都意犹未尽。

圆桌讨论的时候，女儿这个组的考生是由他们学校和外校的同学共同组成的，而且文科和理科并不分开。他们组拿到的题目是《谈谈动物的权力》，女儿这个动物保护主义者也是有许多话要说，而且她的英语听说能力比较强，因此感觉发挥得还算不错。

11月11日，女儿说她又参加了港大的笔试。她说，测试题目就是英语阅读和写作，跟托福考试的形式有些相似，只是少了听力和会话。阅读的内容基本是时政方面的文章，写作要求每篇短文500个单词，比托福考试的要求还要高些（托福的写作是300词）。这不仅要求考生平时的词汇量要非常丰富、有英文阅读的积累，而且要有较多的写作实践。女儿凭借高一学托福、平时阅读和记日记积累的底子，用她自己的话说还算得心应手。

从面试到笔试，港大都跟搞突然袭击似的，孩子总是一接到通知就马上参加考试。我这个做家长的每次都是考完了才能够听到孩子的汇报。这样的考试，孩子们压根就没有准备的机会，而且也没有办法去准备。我很欣赏港大的这种随机考察方式，因为这样才能考察到学生的真实水平，招录到综合水平确实高的学生。这有别于国内许多高校的自主招生考试。自主招生考试经过了这些年以后，已经变得非常模式化，考试前学生纷纷参加各种辅导班，而且参加辅导的学生普遍分数确实要高一些，但依靠这样突击学习考出的高分学生，其实是背离高校希望通过自主招生的渠道，招徕真正优秀学生的初衷的。

2011年2月底，香港大学"校长推荐计划"的英语口试和笔试结果出来了，女儿获得了第二志愿15分、第三志愿20分的加分，这在他们学校的同学中算是高的了。

香港大学"校长推荐计划"的加分跟内地自主招生的加分有所不同。内地自主招生的加分是学校加分，如果孩子通过了某个学校的加分，那么这个学校的各个专业都认可这个加分（当然也有某些学校某些专业不认可自主加分，比如之前人大的金融等专业就不认）。而港大是各个专业单独招生，在面试和笔试的时候，各个专业的考官都会考察，觉得孩子适合这一专业才给加分。女儿的第一志愿报的是新闻学，然而新闻学没有加分，可见考官觉得女儿的表现并不适合去做新闻。

总体感觉，如果想要考港大，英语能力非常关键。面试的环节其实是在考察孩子的英语思维能力，只有用英语思维才能立即明白考官的意思，并且用英语流畅地表达出来。尤其是圆桌讨论的时候，如果是先用汉语思维再翻译成英文，别的同学早都表达过了，所以就算你再有想法也晚了。据说，就算高考成绩过了港大的录取分数线，但最后还是有一次非常严格的面试。孩子分数再高，这次面试不过，依然不能被录取。

我还有一个感觉，港大的面试和笔试除了考察孩子的英语能力，更多的还是考察孩子的综合素质。从女儿单独面试时跟老师谈论的昆虫话题、圆桌讨论的动物权力问题，以及笔试的时政方面内容等，这些都说明港大对孩子的综合能力的要求确实要高一些。

女儿轻轻松松地拿到了港大的加分，说明港大考官对女儿是认可的，也说明我们从小对女儿综合素质的培养路子是正确的。当时我的感觉就是，无论能不能被港大录取，女儿的优秀都毋庸置疑。

因为香港大学为女儿加了分，所以我们对其自然多了几分关注。通过学校官网的介绍和咨询别人，我们了解到港大是一所国际化程度很高的大学。港大是全英文教学，教师和学生来自世界各地，而且大一新生大多会进行通科学习，在这一年里，学生可以选择喜欢的课程去学习，大二才开始选择觉得适合自己的专业并转入专业的学习。

住在我们楼下的邻居家的女儿，2010年考入了香港科技大学，趁她回家过年的时候，我们向她详细了解了港校的学习情况。她介绍的情况和我们查到的港大的教育特色差不多，香港科技大学也是在大一的时候主要攻语言关，且不分专业学习。这个女孩说，她在港科大学习感觉充实而又快乐。之所以充实，是要学习的东西太多，而且学校的社团活动也丰富，只要有兴趣随时可以参加，每天的时间都排得满满的；之所以快乐，是因为在那里学习，总是可以选择自己感兴趣的课程，也可以做自己喜欢做的事情。

高考结束后的6月20日，分数还没有出来，我们的手机和邮箱就同时收到了港大入学面试的通知。于是，女儿于6月23日参加了港大组织的入学面试。

据我所知，香港大学从6月22日下午开始面试，且这样的面试持续到6月28日。在高考分数还没有出来之前就对优秀学生进行入学面试，这一方面说明香港大学录取工作的迅速，另外一方面也说明香港大学对大陆优秀生源的青睐，想尽办法与大陆名校争抢。

2011年7月1日，女儿收到了香港大学文学院的预录取通知，要求考生必须在第二天也就是7月2日中午12点前在网上报名系统反馈学校，告知学校自己的意向，如果不给出反馈则视为放弃入学资格。

收到香港大学的录取通知，我们一家非常兴奋。当年，香港大学在北京7.6万考生中共录取了40名尖子生，其中包括并列获得状元的三名文科生，女儿能成为四十分之一，可见女儿的表现是被港大认可的。

兴奋之余，我们一家三口也冷静地对是否去港大就读做了权衡，关键是对女儿将来的发展方向进行了分析。女儿是被港大的文学院录取了，从兴趣和特长来说，倒是还比较满意，不过我们考虑再三还是把港大放弃了。放弃的原因大体有这么几个：

第一，女儿考虑到她将来会在内地发展，而在内地发展的话，在港大读书就不如在北大好了，毕竟在北大读书积累的人脉在将来走入社会的时候，其好处是毋庸置疑的。

第二，港大每年11.9万港币的学费对我们家来说也不是个小数目。而且，如果学文学的话，北大在国内排名是第一的。从性价比来考量，我们觉得还是北大值得。

第三，港大录取女儿的文学院，第一年的预科在南京大学就读，而不是在北大。女儿对北大有很深的情结，预科如果在北大读，也许女儿会接受港大的录取，而在南大读，这坚定了女儿放弃港大的决心。

虽然女儿最终没有就读香港大学，但却让我们充分了解了港校的情况。

从各方面来说，港校的特色有别于内地的高校，因为不同的教育模式，培养出来的孩子也跟内地高校培养出来的有些不同。在内地招生的港校有香港大学、香港中文大学、香港理工大学、香港城市大学、香港科技大学、香港浸会大学、岭南大学、香港教育学院等10多所高校，且招生数量逐年都在增加，而且高考的时候港校大多是提前招生，不影响考生第一批志愿的录取。这对内地学生来说，无疑是多了一次选择的机会。

不过，并不是所有的孩子都适合读港校。成绩就不用说了，港校这些年在国内招的都是尖子生；费用也是一个方面，大多港校一年的费用都在10万元人民币以上。另外，孩子的个性等也应该考虑，我在查找港校资料的时候，偶然看到一则报道，说是香港科技大学的一名湖南籍学生就因为不适应港科大的学习而特别痛苦，甚至闹失踪。

所以，报考港校应该仔细分析孩子的情况，适合就报，不适合的话就在内地选一所孩子中意的大学。毕竟"条条大路通罗马"，只有找到适合孩子的路，才能最大程度地发挥自己的长处！

复读不复读，需要细掂量

人与人不同，孩子成才的路也不只有上大学一条，对于有的孩子来说，不上大学照样可以"活得精彩"。所以，复读不复读，要视孩子的具体情况而定。

我清楚地记得，自己刚上大学的时候，班里有个男生，上了一个月学以后，毅然退学复读了。据说他复读的原因有两个，一是高中谈的女朋友考了个比他好的大学，他觉得没有面子；二是不喜欢我们学的专业，觉得委屈。

后来听说，那位男生第二年连本科线都没有达到，被一所中等专科学校（相当于现在的高职）录取。他依然不甘心，第二次进了复读班，上了一年"高五"。终于在第三年考进了南方一所本科院校，那所大学不比我们学校好多少。而当他再读大学的时候，不仅两年美好的青春岁月过去了，原来的女朋友也投入别人的怀抱了。

二十多年过去了，那位同学早已没有音讯，但他退学的"壮举"依然让我印象深刻，而且成为我后来常给人举的一个反面例子。

我这个同学的例子证明，复读不一定就能进入理想的大学，这要看孩子的实际情况。如果高考成绩就是孩子的实力体现，就没有必要复读。我一直觉得我的那位同学就是这种情况。现在想想，我们学校虽然不是名牌大学，但在我们省却是数一数二的；我们所学的专业虽然不是热门，但我们学校的这个专业在全国的排名却不错，只要好好学习还是可以学到很多东西的。更何况，人生的路很长，四年后可以攻读别的学校、别的专业的研究生，如果觉得自己学的专业不热门，也可以选读双学位。所以，心态好一点，就应该"既来之，则安之"，以图日后的发展。事实也证明，我们班大多数同学后来发展得都相当不错。

无独有偶，2009年，住在我家楼下的一个女孩因为发挥失常，以629分的高分落选第一志愿北大，被第二志愿北京林业大学录取。同样，在林大读了一个月，她觉得没法融入同学中间，选择了退学复读。不同的是，在苦读一年后，她考入香港科技大学，结果皆大欢喜。

这个女孩是"高分复读"大军中典型的一员。这样的孩子因为高考发挥失常，志愿又报得不合理，结果进入和目标大学差距较大的一所高校，从而导致心理落差大，难以接受。这样的孩子实力比较强，可以复读一年，第二年再冲目标大学，一般来说还都能冲上去。

因为是很熟的邻居，女儿一上高三，这个女孩的妈妈就告诫我：千万不要让孩子复读，太煎熬了！她说，整整一年，她总是提心吊胆的，每次模拟考试都怕孩子考得不好，经常晚上睡不好觉。而且，她感觉孩子的压力也非常大。总之，一年的复读，他们一家人就跟在炼狱一样。

经历过高考的家庭都明白，中国的高考不只考孩子，同时也是在考家长。简直就是"孩子在前线忙打仗，家长在后方忙支援"。然而教育风气如此，我们又有什么办法呢？

复读不复读？有学上的孩子，要分情况而定；高考落榜的孩子们，也要分情况而定。

有些孩子很有潜力，但是高中三年没有好好用功，虽然参加了高考，却考得很差。这样的孩子如果有意向复读，家长应该支持。这些孩子在高校开学之日，看着昔日的同学都打点行囊去上大学，心里会憋一股劲儿，"知耻而后勇"，发奋努力后，一年后分数会蹿上去许多，最后进入自己理想的大学。

那些本来有实力考上大学，却因为临场发挥不好而落榜的孩子，家长也应该支持他去复读，帮助孩子实现理想。

而那些在家长眼里"压根就不是读书的料"，在其他方面都挺机灵，唯独读书考试不出好成绩的孩子，他们的应试能力不行，就不适合复读，家长也不应该让孩子的自信心在高考中一次一次地受到打击，而应该让他学一门自己喜欢的技术。

我的一个侄女，就属于这样的孩子，哪方面都好，就是考试不出好成绩。因为她特别爱美，高中毕业后父母把她送到北京，学了一段时间的化妆。她学得非常好，还没有出师就跟着老师给顾客化妆，顾客都非常满意。她到剧场做化妆师，演员们都争着要她化；去给新娘化妆因为做得出色，她都不用打广告，新娘就会把自己的朋友介绍给她。她来北京不到两年的时间，不仅工作非常快乐，而且赚的薪水比她大学毕业做白领的姐姐还要多。

人与人不同，孩子成才的路也不止上大学一条，对于有的孩子来说，不上大学照样可以"活得精彩"。

是否让孩子复读，做家长的实在要仔细思量，在孩子高考结束后，和孩子一起分析自身的情况，谨慎做出决定。

留学，适合我们的孩子吗

面对留学热潮，家长不能相互攀比，盲目跟风，是否送孩子出国上大学，一定要结合孩子的实际情况，慎重考虑。对好学生而言，出国无疑多了一次接受高等教育的机会，而对适应能力、自制能力较差的孩子来说，出国留学未必是一个好的选择。

女儿高一结束的那个暑假参加了一次托福考试，取得了106分的好成绩。最初，我让女儿考托福是想让她在高三毕业时申请国外的高校，出国读大学。因为当时我们的户口还没有转入北京，女儿读完高中不能在北京参加高考，而回原籍参加高考很难保证能够考入理想的大学。后来户口转到了北京，我们再三斟酌，放弃了出国的念头，决定让女儿在国内读大学了。

放弃让女儿出国的念头时，我们是这样考虑的：

一方面我们实在舍不得女儿那么小就出国，总觉得高中毕业的孩子虽然在法律层面上已经成人，然而在心智上却还不成熟，独自在异国他乡生活学习，我们始终放心不下。

另一方面我们觉得女儿是学文科的，她又不愿意学习法律、经济等专业，这样的话到国外就没有适合她的专业可以学习了。

还有一个重要的原因，是通过到国外发展的朋友们了解到的。

他们说：出国要么早一点，小学或者初中就出去，因为这个时候孩子的文化观念还没有形成，到了国外很快就能融入当地的文化，且容易跟各种肤色的孩子成为朋友。在孩子的内心，会把当地作为自己发展的天地，心理上没什么顾虑。

要么就晚一些出国，等大学毕业再出国读研究生或者硕士毕业到国外读博士。这时候，孩子的人生观基本形成，而且中国文化在他们的观念里已经根深蒂固，到了国外，无论是学习还是接受国外的文化，都会有意识地去探究，即所作所为本着"为我所用"的目的，因此效果会更好一些。学成如果在国外发展，他们身上所积淀的中国文化底蕴会对他们有所帮助；如果回国发展，那么"学贯中西"的他们在工作和人际交往方面会更加游刃有余。

而高中毕业就出去读大学的孩子，则不同于上面的两种孩子。由于他们在国内度过了整个青少年时期，接受了完整的国内基础教育，对中国文化虽然没有形成自己的体系，但已经有了基本的理解。然而，这么大的孩子心智并没有完全成熟，他们出去以后一方面渴望融入国外的环境，一方面却又习惯了用熟悉的方式生活和学习。这样的矛盾使孩子们很痛苦，适应能力强的孩子会慢慢适应周围的环境，融入来自各国的同学中；而那些适应能力不强的孩子则只跟同是国内来的孩子扎堆，课余时间来往的都是华人朋友。朋友说，据观察，小留学生们后者居多，而这样的结果就是，孩子将来很难发展得很好。

听了朋友们介绍的情况，坚定了我们打消让孩子出国留学的念头。当时的想法就是，先让女儿在国内读大学，大学毕业后，如果她愿意出国深造，我们会全力支持她。

这些年又掀起了一个出国的高潮，而且高中一毕业就出去读大学的孩子占了很大比例。这些孩子中，有的是学校里的尖子生，如果在国内参加高考的话是可以考入一流大学的，但是孩子和父母都不看好国内的高等教育，就申请到国外顶尖的大学去深造；有的是中等生，他们觉得自己在国内考不上一流大学，但可以申请到国外不错的大学，所以选择出国留学；还有的孩子是在国内考不上大学，家长为了给孩子找一条出路，也把孩子送出国门，这些孩子有的就读国外普通大学，也有的在社区学院学习。

对于家长来说，送孩子出国抑或让孩子在国内读书，目的都是为了孩子能有一个好的前程。从这些年接触到的小留学生来看，无论哪个层次的孩子，有的后来发展得非常好，有的就学得不是很好，也影响到后来的发展，这真是因人而异。

我曾经和一个从英国回来的女孩共事过一段时间。她就是高中毕业的时候被父母送出国读大学的，用8年的时间完成了本、硕、博3个学位的学习，毕业的时候正好赶上经济危机，在英国不太好就业，就回到了国内。

这个女孩让我见识了从国外回来的孩子的工作能力。她是学环境工程的，一上班就接了一个大型环保会议的组织活动，这对她来说是全新的概念，但是她特别有韧劲，在整个会议筹备过程中，逢山开路，遇河架桥，两个月过去了，会议召开的时候，老板看着前所未有的会议规模和井然有序的会议秩序，禁不住表扬了她。从此，这个女孩在这个单位里扎下了根。

当时我的女儿正上高一，还在犹豫要不要出国的事情，我特意跟这个女孩聊了聊国外就学的情况。她告诉我，出国留学最大的好处不是学到多少知识，而是让自己懂得了感恩，学会了生活，学会了正确面对困难。她说出国前爸爸妈妈什么心都没有让她操过，什么活都没有让她干过，但是一下子到了异国他乡，无论学习还是生活，都要一个人去面对，她感觉一下子长大了，也开始理解父母的辛苦了。而且通过几年在英国单独处理各种事务的磨炼，她变得不怕困难，觉得事在人为，只要努力，没有办不成的事情。

是啊，让孩子出国留学是家长放手的极致表现。在国内，孩子遇到问题，家长还可以帮上忙，而一旦出国，孩子就要独自面对遇到的任何"麻烦"，这个女孩独自在国外生活和学习了8年，能力自然得到了很大的提高。

不过，也有些孩子出国后发展得不好。我认识的一个男孩，高中学习成绩比较差，家长眼瞅着孩子上不了大学，就通过留学中介把他送出国去读大学。结果几年下来，他没有学到什么本领，倒是学会了吃喝玩乐，花了父母几十万不说，连毕业证都没有拿回来。回国找工作的时候，好的工作单位不要他，差的工作单位他看不上，变成了高不成低不就的一个人。回国几年了，总是没有正经事情做，父母整天为他发愁。

从这个孩子的情况来看，并不是每个孩子都适合出国留学。

根据这些年了解到的情况，高中毕业就出国留学的孩子们的情况大致有这么几种：

第一种是在国内的中学就成绩拔尖的孩子。他们之所以在国内就是尖子，是因为从小就养成了良好的学习和生活习惯。这样的孩子出国以后，一般都能保持良好的习惯，学习勤奋，生活也比较注意节奏，几乎都能学有所成，最后无论在国外还是国内工作，都能发展得很不错。

第二种是学习成绩一般，但适应能力强、比较上进的孩子。他们出去以后也会很快适应国外的环境，融入国外高校的氛围和国外的文化中。这些孩子因为实际生活的能力更胜一筹，最后甚至比那些在国内就是学习尖子的同龄人发展得还要好。

第三种是心理素质差的孩子。这样的孩子不太适合出国。一次，我听一个搞心理咨询的朋友说，他接待了一个出国留学的女孩，因为出国后不能适应国外的环境，导致心理压力太大，患上了抑郁症，在国外没有人照顾，父母不得不让她回国接受治疗并亲自照顾。这样的孩子，家长最好把他留在国内，哪怕是上个大专，凡事也还有个商量，孩子还有个将来。否则，一旦孩子心理出了问题，很可能会耽误一辈子。

第四种是自制力差的孩子，以及在国内父母包办代替过多的孩子。这样的孩子最不适合出国。他们在国内凡事有父母的管束，还能有所收敛，一旦到了国外，好不容易没有人管了，就像脱缰的野马，难以抵挡外面的各种诱惑，学业、前程、父母的嘱托全部抛到脑后。他们不仅不会学业有成，还会染上一身的坏毛病。这样的孩子，家长在考虑出不出国的问题上一定要慎重。

出国留学，对于那些经济条件比较好的家庭来说，无疑是让孩子多了一次接受高等教育的机会，且免去了孩子在国内挤高考

"独木桥"的辛苦。不过，家长除了考虑家庭的经济因素之外，还应该考虑到孩子的其他条件，看看孩子到底适不适合出国，而不应该相互攀比，盲目跟风。

后 记

自然而然的养育

我的"陪伴教育"系列图书出版时间已经超过了10年，我的女儿以及跟她一起成长的小伙伴们都已经长大，很多也成家立业了。这些孩子怎么样了呢？我想这也是许多读者关心的问题。

我的女儿北大毕业后接受国家公派出国留学两年，归国后成为一名高中老师。我特别欣赏她有很强的社会责任感和使命感，因为她原本可以选择收入更高的工作，但她觉得要把在国外学到的知识用在最需要的地方。她认为中小学教育才是最需要人才的地方，所以毅然投身教育行业，而且很热爱这份工作。

女儿小学时有过当画家的梦想，中学时则想要开一家动物收容所，而如今为人师表，改变就那么发生了。我和先生对她也曾有过不同的期待，但女儿的发展并不以我们的意志为转移。

跟女儿一起长大的很多孩子的发展路径也是同样，就算不少父母在孩子小时候做了很多努力，希望孩子成为自己期待的样子，最终孩子还是遵从了自己内心的渴望，选择了自己的选择，甚至有的孩子成年后的发展跟父母当年的期待差了十万八千里。

如今，无论从一个"过来人"的家长视角来看待，还是从常年跟"问题孩子"打交道的教育工作者视角来看待，我都越发觉得养育孩子应该遵循一个原则：尊重和顺应孩子的天性，在此基础上帮助孩子成为最好的他自己。

正如著名诗人纪伯伦在《论孩子》中所说：

你们的孩子并不是你们的，

而是"生命"对自身的渴望所生的儿女。

他们借你们来到世上，却并非来自你们，

他们虽与你们一起生活，却并不属于你们。

你们可把爱给予他们，却不能给予他们以思想。

因为他们有他们的思想。

家长过分干预或者控制孩子的成长，往往会出现出力不讨好、孩子也成长得不好的问题。我亲眼看着有的孩子小时候活泼可爱，被家长各种设计和安排后，愣是被"不辞辛劳"地养成了要么进医院的"躺平孩子"，要么进监狱的"少年罪犯"。每每看到这样的情况，我都感觉非常痛心，觉得作为教育者的成年人肩上的责任重大。

而那种尊重和顺应孩子成长的家庭又会出现怎样的情况呢？

我看着长大的一个男孩子，中小学的时候学习成绩很一般，考上的也是个普通大学，但现在三十出头发展得非常好。这个孩子大学毕业后上了几年班就开始创业，他很有想法且努力，还特别有创造力，事业做得有声有色，生活也打理得有滋有味，属于那种年轻有为并能享受生活的人，着实让人喜欢。

这个孩子的父母我很熟悉，他们家的养育方式我也清楚。当年，在儿子学习成绩一般的情况下，他们并没有焦虑考试结果，而是把焦点放在孩子有没有把知识学会上。如果孩子没有学会，爸爸会负责把孩子教会，然后就可以了。因此，他们家没有因为孩子学习不好而鸡飞狗跳，反而亲子关系特别和谐。我经常看到一家三口一起散步、谈笑风生的画面，而且他们的谈话内容不拘一格。从爸爸的生意到姥姥姥爷的养老问题，爸爸妈妈都会跟孩子谈论。小的时候，儿子拉着妈妈的手，长到青春期的时候，妈妈则挽着儿子的胳膊。

当家长们在一起谈论孩子们的学习成绩时，男孩子的妈妈总是会笑着说："我儿子学习成绩太一般了，他一点都不像我们两个学霸。"这个妈妈说这话的时候非常自然，没有不好意思或尴尬。他们并没有给儿子报什么课外补习班，而是允许孩子做一个"差生"。能够如此淡定，基于父母打心底就认为这样的儿子并不是真的差。抛开学习，这位妈妈总是对儿子充满了赞赏，她经常举例儿子在哪些事情上有自己的想法。妈妈的语气是这样的："我儿子特别有想法，我相信他。"直到今天，妈妈说起儿子的时候依然会用这样的表达。

这个家庭对孩子的养育，用一个词来描述就是"自然而然"。

父母只是营造了一个空间，孩子在其中自然而然地成长，父母看似没有做什么，实际上他们给的是最能滋养孩子生命的养分，那就是对孩子的接纳、允许和无条件的爱和支持，让孩子体验到生而为人的强烈归属感和价值感。所以这个孩子虽然学习成绩不是很出色，却没有沉迷于游戏世界，而是课余时间帮家里做些力所能及的事情，对生活在一起的姥姥姥爷很孝顺体贴，也热爱运动和读书。上学的时候学习成绩不显山露水，如今不仅事业做得不错，还写得一手好文章，情感也很细腻。

这个孩子的成长过程之所以如此轻松自然，我觉得跟家长本身的自洽也有很大关系，尤其是妈妈的状态。用如今时髦的话讲便是这位妈妈的状态很松弛。

这位妈妈是一个真实的人。她在先生和孩子面前，喜怒哀乐都如实表达，而不是压抑情绪。如果孩子惹她不高兴，她会直接告知她的感受。她有时候也会耍点小脾气，耍了就耍了，重要的是，她不会为此而自责。如果想让先生和孩子为她做什么，也会直接说出来，而不是等着他们去猜。

这一难能可贵的真实，实现的是内在体验与外在表现的和谐一致，实现的是心的自由。因为妈妈有这样的体验，便能够允许孩子也真实地做自己，包括接纳孩子学习成绩不太好，因为在她那里这是非常自然的事情。当一个孩子被允许"如是"地做自己，就算他有时候会失败，也不会自我贬低，从而能够跟最本质、最纯粹的生命能量建立联结，呈现自信的状态。自信的人，内心对自己的各方面是比较笃定的，更容易为自己负责任，也会更加灵活。这个男孩子后来的发展正好印证了这一点。

这位妈妈的自洽还表现在她看待事情总是可以看到积极的那一面，这让她常常处于很有热情的状态中。她的工作很忙碌，也经常会遇到挑战，但我观察到她很少有抱怨，而是勇敢地接受和面对，就算有时候过不去，也能接受现状。作为朋友，我常常被她的状态所感染，不知不觉就会跟随她调整心态。她的人生态度和做事风格自然能影响到儿子，所以儿子也成为乐观自信的人。

另外一个方面，虽然是老生常谈了，我还是想要提出来。这一家爸爸妈妈的夫妻关系也是惹人羡慕的。在我和这位妈妈聊的家长里短里，她先生也是话题之一。她对先生的欣赏和感谢溢于言表，在先生面前她也从不吝啬表达自己的幸运和幸福。他们每五年的结婚纪念日都会隆重地举办庆祝仪式，互诉衷情。我记得她的vlog（视频网络日志）有一个主题就叫"很幸运，我有个我们"，观后很受感染。

有人说，好的夫妻关系是送给孩子一生的礼物。父母关系首先是孩子成长的情境，父母关系的好坏影响着孩子的安全感。同时，父母之间的相处也是孩子学习人际交往的最好课堂。我觉得这对父母的关系正是孩子勇敢闯世界的底气，因为在他童年的时候就从父母身上获得了对外在世界的充分信任，所以无论是做事还是与人打交道都没有恐惧，不怕挫折和失败，于是越来越好。

在"陪伴教育"系列图书修订再版之际，我讲这个家庭故事是想要告诉大家，养育是自然而然的事情，因为孩子的生命本自具足，而且是全方位的，无论家长如何养育，孩子总归会长大。但要让孩子成长为自信、有责任感、灵活又有创造力的人，前提是家长要营造一个接纳的、有爱的、舒适的养育环境，给孩子提供必要的支持。而家长之间的和谐与松弛又是前提的前提。

就在这篇文字写到这里的时候，我看到一则新闻，讲述的是广东揭阳一个7岁小女孩从小喜欢舞狮，5岁开始父亲就给她购买了狮子服装，有空就教她。就在大年初一，爸爸击鼓伴奏，小女孩又一个人在自家开的小卖铺门口舞狮，结果被刚刚表演结束的舞狮队看到，当下乐师们停车为小女孩伴奏助威。结果小女孩上了热搜，甚至上了湖南卫视的元宵节晚会。舞狮队也公开表示，只要小女孩喜欢，舞狮队的大门会为她敞开。小女孩的舞狮梦就此被照亮。

试想，如果小女孩的父母觉得喜欢舞狮是不务正业，非要让她每天只学习和刷题，不给小女孩提供支持，哪里能有被发现的机会？也许小女孩的梦想终生都会被埋没。

心理学家马斯洛的需求理论中提到，人的最高需求便是自我实现。也就是说，一个人只有遵从自己的内心，实现了自我价值，才能感受到生命的意义，体验到发自内心的幸福感。如果家长明白这一点，在陪伴孩子成长的过程中，把注意力放在对孩子生命的好奇、了解和支持上，滋养孩子的生命状态，他自己就能找到可以焕发生命力量的方向，并通过努力实现他的自我价值。这是自然而然的养育，也是轻松的养育，因为家长和孩子各安其好，做了自己分内的事情。

愿天下的父母都能怀抱一颗好奇和谦卑之心，营造温暖开放的空间支持孩子发展；愿天下的孩子都能够得偿所愿，成为最好的自己！

刘称莲

2024年2月于北京

【1】
文科学习
有方法

一学就会的作文提高法

　　作文是语文试卷中分值最大的一个部分，作文写好了，语文成绩一定不会低。我通过多年学习，跟大家分享一个能把作文写得越来越好的办法——广泛阅读语言优美、思想深刻的好书、好文章。

　　平时读书的时候手不离笔，把里面的好词、好句画出来，可以是精彩的景物、人物描写，或者是戳心的抒情、议论。每读完一篇文章之后，把这些句子摘抄在积累本上。

　　但光抄可不行，你要写下来为什么喜欢这些句子，它们精彩的地方是什么，引发了你的什么联想。你也可以把书中触动人心的人物、故事简单概括一下，再写出自己的思考。

　　这样积累下去，你的语言表达和思维能力都会提高，还能拥有属于自己的写作素材集，作文当然就会越写越好了。

学霸的写作三步法

如果写作是你的痛点，千万别灰心，掌握了提升写作能力的方法，你也可以成功逆袭。要知道，清华北大的学霸也不是一开始就能把作文写好的。

那么该怎么做呢？

① 建立自己的素材库，保持更新整理。

在日常阅读中，遇到自己喜欢的、有感触的句子，就随手把它们记录下来。如果你不喜欢手写，也可以在电脑里建立一个素材文档。在逐步增加素材库里内容的同时，要记得定期进行整理、分类、复习通读，不要到写作文的时候才东拼西凑，以免"书到用时方恨少"。

② 模仿大师的写作手法，自己进行练习。

要想有更卓越的写作水平，就要阅读名家大师的经典作品，同时分析其中精妙的篇章和段落，把大师的写作方法和技巧进行总结提炼，模仿着去写作。在不断练习的过程中，逐步加入个人的思考和领悟，久而久之就可以形成属于你自己独一无二的写作风格了。

③ 文章不厌百回改，写作后的修改很重要。

好文章是改出来的，反复修改是写好文章的必经之路。一篇文章写完后，一定要至少通读一遍，检查自己的开头是否简练，中间段落有没有围绕主旨，按照特定的结构和发展定向叙述。同时也要看看有没有错别字，遣词造句是否通顺自然。最后可以再精读几遍，优化语言，去除冗余。

写作没有最好，只有更好，它需要灵感的碰撞，但更需要坚持。

高考一类作文长什么样

① 结构清晰。

大考阅卷时，判卷老师大概十几秒就会看完一篇作文，所以写作文的时候，一定要一眼就让判卷老师看到你的主论点、分论点和论据。推荐"五段论"写法——开头亮出主论点，主体部分列出三个分论点，并用合适的论据加以支撑，结尾再次重申主论点——这种结构非常稳妥。

② 内容丰富。

用来支撑论点的论据越多越好，每一个分论点至少写出两三个论据，这样的文章容易得高分。

③ 立意深刻。

如果想冲击满分作文，就要写出一些能让判卷老师眼前一亮的独到见解。这就要靠平时广泛的阅读、积极的思考和大量的积累了。

④ 语言准确流畅。

其实，对于考场作文来说，语言自然流畅是最好的，如果使用一些晦涩难懂的表达或者过于华丽的辞藻，反而有风险。

无笔不读书

从儿童绘本到经典名著，从网络小说到名家作品，自小我们就看过很多书，但你真正记住的又有多少？读书千万不能只是"读"，要记住，无笔不读书。在读书的时候，手里始终要拿着一支笔，你可以选择自己喜欢的颜色，边读边画出书中的关键词句。一本书不是从头到尾翻一遍就算读完了，这样不仅浪费了时间，你也没有太多收获。读完书一定要及时进行积累和回顾。有一套很实用的读书方法，叫"CQCQ"，由四个部分组成：

Conclusion（总结）。

你需要对书的大意进行总结，这可以锻炼你的概括能力，语文阅读题中有一个题型就是概括题，多进行这样的训练，考试中遇到这类试题你一定会拿高分。

Quote（摘抄）。

把这本书中给你留下深刻印象的语句和段落摘抄下来，并在积累本上写出你的感受和思考，这将对你以后的写作大有益处。

Connection（联想）。

这本书会引起你的什么联想呢？也许是你自己亲身经历的故事，也许是校园里或社会上发生的现象，积极联想会训练思维能力。但光想还不行，还要把它记录下来，这才可以成为你今后写作的素材。

Question（提问）。

读完这本书，你有没有好奇或者困惑的地方？可以借助工具进行查询解惑，也可以和同学或父母讨论，在讨论中说不定会催生灵感的迸发。你甚至可以提出和作者完全不一样的观点，如果能沿着这个问题进一步探索，对书中内容会有更加深入的理解。

记忆是思考的灰烬，读书的时候要链接到自己的生活，产生自己的思考，这些素材才会内化为自己的东西，书才算没有白读。

一招教你读懂诗词古文

清风徐来，水波不兴。
　　缓缓地　　起
清风缓缓吹来，水面波澜不起。

这个方法叫作"三行对译"。顾名思义，就是在学习诗词和古文的时候，要把笔记写成三行。

第一行，写古文原文。

用黑色的笔把原文在笔记本上写下来，注意写的时候下面要空出位置。

第二行，写关键字、词的意思。

用红色的笔对照课本，把原文里每一句的关键字、词的注释标在原文下面。

第三行，整句翻译。

用蓝色的笔，把整篇文章的每一句话都对应地用现代汉语翻译一遍。

这样做一遍笔记之后，你对这篇古文的认识就会特别清晰和透彻。考试之前，再对照着笔记本复习一下，就什么题都难不倒你了。

历史考年级第一的学习方法

很多同学都觉得历史知识点既庞杂又容易混淆，考试的时候常常会把时间或者历史事件记混。有一个方法能让历史知识点变得很有条理，那就是画历史时间轴。

准备一张干净的A4纸，横着在纸中间画一条轴线，并在上面标出重要的历史时间点。

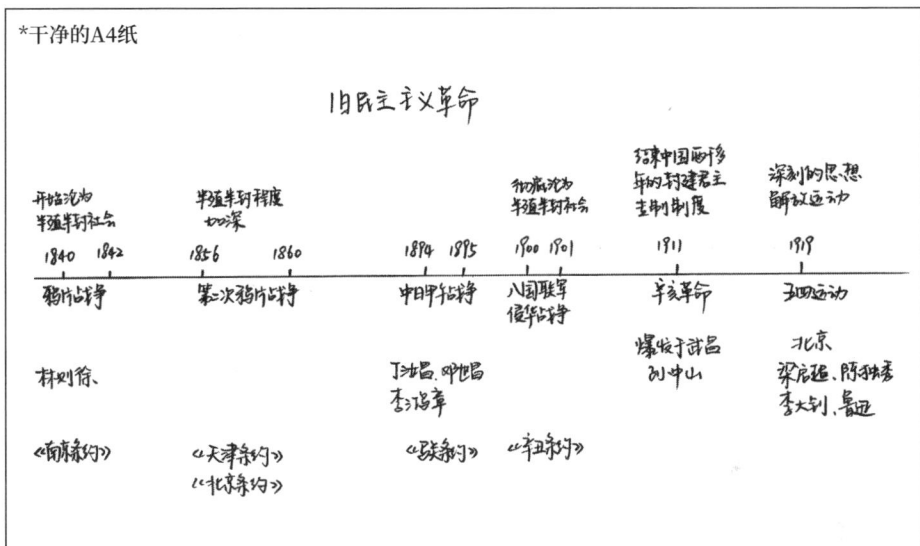

在轴线下面写出历史事件的名称、发生地点、主要参与人物，上面对应写出事件的意义等。两个历史阶段之间，还可以补充政治、经济、文化等相关信息。

从古代史到近现代史，从中国史到世界史，我高考前把这一整套时间轴画了很多遍，厚厚的几本书变成了几张纸，把书读薄之后，所有知识点都印在了我的脑子里。

但是学历史不能死记硬背，我也建议大家在课余时间多看纪录片、读科普书，全面了解古人先辈的真实生活，理解了再去记忆，效果会更好。

↗

【2】
理科学习
不放弃

数学偏科别着急，教你如何高效刷题

我读高中的时候数学一度不及格，连带着我的总分也一落千丈，但高考的时候我却实现了逆袭，考了137分。我当年可没搞什么题海战术，而是用下面这三个方法高效做题的。

① 只做好题。

临考前的时间很宝贵，千万不要浪费在烂题上，一般历年真题和大市区的模拟题质量比较有保证，只做这些即可。

② 会的题可以不做，不会的题一定要做。

其实我上中学的时候也是会抄作业的，但是我抄的那些都是我会的题，如果是不会或者不熟悉的题，我就认真地把它做好并弄懂。高三的时候我每天都坚持做一道解析几何的大题，用了一个月的时间把这类题拿下，总分涨了近20分，效果真的很显著。

③ 一定要有属于自己的错题本。

别人总结的易错点是别人的经验，不一定适合你，只有你自己的错题集才是提分的法宝。所以越到考试前，越不要放过每一道错题，认真总结，考前复习，事半功倍。

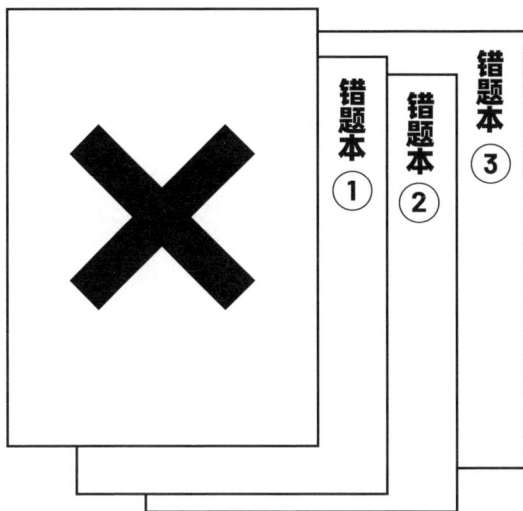

解决做理科题粗心马虎的妙招

很多同学一做理科题就会因为马虎而丢分，在这里跟大家分享一个减少马虎的妙招。

其实很简单，你看看自己做理科题的草稿纸是不是乱七八糟、见缝就写？

当你的草稿纸一片混乱时，你的思路也很有可能跟着一起混乱了。

那学霸的草稿纸应该是什么样的呢？字迹工整，思路清晰。

考试的时候，在草稿纸上标清题号，把解题步骤写清楚，千万不要跳步，这对之后的检查很有帮助。遇到计算量大或者不太确定的题目时，一定要在题号前做一个标记，在做完整张卷子后再回来确定答案。

保持草稿纸的整洁，会在很大程度上减少马虎行为的发生，养成这个好习惯，你的理科成绩一定会提高。

曾经数学挂科，也能上北大

我曾经也是个数学挂科的差生，不过最后在高考的时候成功逆袭，考上了北大，因为我做对了以下三点：

① 树立信心。

你要相信自己能学好数学。满分不敢想，但是优秀还不能努努力吗？其实，在考试试卷里，难题只占20%，剩下的80%都是基础题和中等题，好好学习不自暴自弃，提高几十分根本没有问题。

② 有选择地放弃。

如果你现在偏科比较严重，那就干脆有选择性地放弃最难的那些题目，比如选择和填空的最后一道题以及最后的大题。不要在这些你做不出来的题目上浪费时间，而是把时间多花在前面的基础题和答完卷的检查上，确保会的题不丢分。

③ 回归基础。

如果你连基本的概念和定理都没搞明白，刷再多的题都是没有意义的，所以一定要先掌握基础知识。教材是最好的学习资料，把课本上面的公式、定理和例题都搞明白，基础分就能拿到大半了。

扭转数学劣势有门道

① 善用"黄金时间"。

想让劣势科目赶上"大部队"的步伐，大前提便是给它足够多的时间和精力。因此我在制订学习计划时也有所侧重，把每天晚上6点至8点的思维"黄金时间"留给数学。

② 有所取舍。

为了节约时间，我会根据自己的情况灵活完成其他科目的作业，但数学作业我一定认认真真、不打折扣地做好。

③ 敢问、勤问、问到底。

我从不积攒不懂的问题，尽量多向身边数学好的同学讨教具体知识和学习方法，即使自己认为很弱智、有些不好意思问的问题，也会硬着头皮请教。

这样坚持下去，相信半个学期，就会看见成效。

【3】
英语学习
懂技巧

这样刷题太憨了

想要提高英语成绩，很多同学都会选择刷题。可是刷题不能埋头傻干，要找到最有效的方法。

① 了解自己现阶段的英语水平。

比如，你现在的词汇量只在小学阶段，那刷高中的题是完全没有意义的，只会打击你的自信心。所以一定要去刷那些符合自己现阶段学习水平的题。

② 清楚自己的短板。

明确短板才知道应该重点去刷哪些题。很多同学的英语成绩虽然不好，但并不是所有的题都做不对。要有针对性地去练习自己平时丢分最多的题型，这样刷题才事半功倍。

③ 卷子绝不是做完就可以丢在一边。

刷完一套题，一定要认真地对照答案，订正错题，并分析错因，还要把这些题目里面遇到的生词整理在一个单独的本子上，才算真正做完了这张卷子。

最后说一点，英语水平较差的同学一定要先抓基础题，打好基础，分数才会有保障。

三个习惯
让你学好英语
HABIT

很多同学都问我到底怎么才能把英语学好，我认为有三个很重要的学习习惯一定要养成。

❶ 要养成背单词的习惯。

可以找一本你喜欢的单词书跟着背诵，如果是基础不太好的同学，先把课本里的单词背熟即可。无论是背课内还是课外单词，最重要的是每天都做。单词量不用太多，控制在你可以接受并且能够坚持复习的范围里即可。如果时间不是特别充足，每天背五个也没问题，水滴石穿，关键是要养成长期的习惯。

❷ 做好课内的精读积累。

翻开课本，看一看里面的每一篇课文，你是不是真的完全理解了。完全理解指的是课文里的每一个字、词、句，都已经读透、读精。不要忘记把课文中重点的词、句整理到积累本上。课内是基础，一定要足够重视。

❸ 拓展课外阅读。

这里的"读"并不是狭义上看书的"读"，而是包括所有形式的英文输入，目的是要给自己创造一个英语语言环境。你可以听英文歌，看英文新闻、电影、电视剧还有BBC的纪录片、TED演讲等。此外，多读英文课外书和报纸杂志也会很有帮助。

总结下来就是词汇打基础，课内精读培养能力，课外拓展阅读做进一步的提高。

如果你能养成这三个习惯，英语一定可以学好。

我上中学的时候英语成绩很好，经常得年级第一，因为我阅读和完形填空的正确率基本在95%以上。英语考试其实可以说是得阅读者得天下。如果你的英语基础不是很好，别犹豫，快拿起你的课本精读每一篇课文。所谓精读（Intensive reading）就是要把一篇文本读细、读透，直到完全掌握，这个过程可以逐步提高阅读能力。

英语基础差？做文本精读

如何进行文本精读呢？具体有五个步骤：

❶ 选择合适的精读文本。

一篇文章如果你能读懂七八成，它就是一个不错的精读文本。学校的课本里面每个单元都有需要精读的课文，如果你的英语基础稍微弱一些，可以先把课内的文本吃透。

❷ 对精读文本进行一遍通读。

第一遍读的时候不要查字典，只要看懂大致意思就可以，可以把不认识的单词、看不懂的句子标注出来，但不要让这些你搞不懂的词句绊住了脚步。

❸ 逐句读，逐词过。

这一遍读的时候再遇到不认识的单词和句子，就要立刻借用手头的工具弄明白，可以查字典也可以问老师和同学。这是精读最核心的部分，一定要予以重视。

❹ 整理笔记。

用不同颜色的笔，把新学到的单词的中文意思、词组的固定搭配和重点句式有条理地整理到积累本上，以后再看就会一目了然。

❺ 经常复习。

这一步非常重要，人类大脑对新事物的记忆是有遗忘曲线的，长时间不复习，学过的知识等于白学。我建议每周进行一次小复习，每月进行一次大复习。温故而知新，让这些知识点进入你的长期记忆。

英语是一门延迟满足的学科，不要急于求成，严格按照这五个步骤去做并且坚持下去，你的英语成绩一定会有提高。

你真的会用英语辞典吗

在学习英语的过程中，一个必不可少的工具就是辞典，但你确定自己真的会用辞典吗？跟大家分享三个使用英语辞典的小窍门，让你不在"查辞典"上踩雷。

查单词的时候依次看完单词的所有词性、词义和例句。

英语中有些单词很特别，它们虽然词性不同、读法不同、意思不同，但长得却一模一样。所以，查辞典的时候，要在大脑里过一遍所查单词的所有释义，在考试中再遇到这个单词的时候，结合语境判断该选用哪个解释，才算真正掌握了这个单词。

如果是电子辞典，在看的同时要同步听音频，跟读单词和例句。

学英语不只是为了考试，还为了日后的工作与交流。所以背单词的时候千万不要只用眼睛盯着看，更要用耳朵听、用嘴巴说。我上学的时候每天早晚都会听英语磁带，然后跟读单词和课文，坚持了十几年，这也为我后来出国留学打下了坚实的语言基础。

建议英语水平较好的同学不要只看单词的中文解释，而是要把更多的注意力放在英文释义上。

有时，语言文化差异会让翻译"失真"，因此，看英文释义不仅能让你更加准确地理解单词的意思，还有助于建构你的英语思维。

最后我想告诉大家，查单词的时候千万不要直接在网上搜索。

网络上五花八门的解释很多，很难确定哪个是对的。也不建议大家用手机查，因为手机上诱惑太多，你可能查着查着就去干别的了。如果嫌翻书慢，可以选择没有娱乐干扰的电子辞典，让你专注学习。

能听的 "三明治"

　　我的英语听力一直很好，英语考试的听力部分基本都是满分，那我是怎么做到的呢？给大家分享一个提高英语听力的好方法，叫作"三明治听力法"。

① 盲听。

　　在盲听阶段，练习时千万不要查字典，也不要看文稿，闭上眼听即可。有些听力录音的语速很快，刚开始可能会感到吃力，但别担心，尽你所能地捕捉听力材料中的单词，听出大致意思。因为是练习而非考试，如果第一遍没听懂，那就多听几遍，依然不要借助工具。

② 对照文稿听。

　　觉得自己明白了材料的大致意思后，就可以把听力文稿拿出来对照着听。这一次听的时候，要拿着一支笔，把第一遍没有听出来的单词和句子圈画出来，然后查字典，做听力文稿的文本精读，把它读透。

③ 再次盲听。

　　完成文本精读后，把听力文稿放在一边，再听一遍。你会发现，之前那些含糊的单词和句子这次都能听懂了。

　　坚持练习下去，你的听力能力就在这个过程中提高了。

假期做好三件事
轻松提高英语成绩

要说提分最慢的科目，英语必须拥有姓名。听、说、读、写，每一个能力都要靠积累，特别费功夫。所以提分效果最好的时候，就是寒暑假。那怎么利用寒暑假最大限度地提高英语成绩呢？其实你只需要做好三件事。

LISTEN | SPEAK | READ | WRITE

English

① 每天背 50 个单词。

背的时候一定要把词义、词性、读音都记下来。每天坚持复习一遍前一天背过的单词，第三天再复习前两天背过的。像这样把雪球滚下去，一个假期下来一本单词书至少可以记下80%。

② "三步走"，精读一篇文章。

首先略读，大致读懂意思；接着精读，对照字典，学习字、词、句和语法知识；最后朗读加背诵，这样下来，一篇文章就算是真正地吃透了。

③ 看一部美剧或电影，中英文双语字幕的就可以。

没听懂的句子暂停反复观看，基础稍好的同学可以试着把字幕关掉，也可以试着跟读。这对提高你的口语和听力都非常有帮助。至于内容，想看啥就看啥，感兴趣、能让你学进去才最重要。

面对考试
不紧张

【4】

三个考场锦囊请签收

小到阶段性的月考、期中考、期末考，大到可能改变一生的中考、高考，考试在我们的人生中占据了相当的分量。

如何在考场上保证自己正常发挥甚至是超常发挥呢？

三个考场锦囊送给你。

审题。

发下卷子先填好个人信息，然后马上开始看题，尤其是英语听力部分，一分钟也不要浪费。考语文和英语的时候，记得先翻到后面看一眼作文题目，这样在答题的过程中，大脑会自动整合有关作文的信息，遇到合适的素材可以迁移到作文里。开考之后，一定要拿一支笔，把每道题的关键信息圈画出来，这样就不会因为"看错题"而丢分了。

草稿纸。

对于需要大量计算的理科科目，草稿纸一定要写工整，验算思路清晰意味着你的思考是清晰的，这样做也不容易算错数。

保证计算题正确率的最好方法，就是把草稿纸分区，标上题号。在演算的过程中不跳步，清楚完整地写出计算过程。

不论是不是电子阅卷，选择题的答案一定要先写在试卷上。

这样在考试结束后，可以估算正确率和分数，在模拟考、中考、高考等大型考试中也方便预测自己的排名。对于不会做或者不确定答案的题目，要在题号上做一个标记，方便完成整张试卷后再进行思考以及考试后的试卷分析。如果是电子阅卷，一定要保证留出充足的时间进行涂卡，否则就是"一场空"。

考试前认真复习，考场上稳定发挥，你也能成为最强王者。

考前高效复习法

俗话说，临阵磨枪，不快也光。不管你是学霸、中等生还是排名稍微靠后一点的学生，考前复习都是必不可少的环节。我的考前复习一共分为四个步骤：

第一步，拿出课本看目录。

首先，根据这次考试要考的内容确定复习范围。如果是阶段性考试，比如月考或者期中考，那复习范围就可以缩小到要考的单元；如果是期末考试，就要对整本书进行复习。复习也要有侧重，有的放矢才能事半功倍，因此在看目录的时候对于哪些单元是重点，哪些单元大体扫一眼即可，要做到心中有数。

第二步，复习单元核心知识点。

比如，就数学这个科目来说，最基础的概念、定理、例题等一定要认真复习，看的时候手里要拿着笔，边看边圈画重点，对照着上课做的笔记复习会更高效。

第三步，做题。

在前两步的基础上，针对每个知识点做相应的练习题，做完一轮题之后，可以开始做老师发的考前练习题和历年的模考题，这些题目跟你的正式考试非常相关，要认真对待。

第四步，复习错题本。

平时大家就要养成及时整理错题的好习惯。比如，老师讲完一套卷子，当天的自习课就把错题和错因总结在本子上，千万不要一拖再拖，积少成多后会非常费劲。每次考试前翻看错题本是特别有效的复习法，因为错题本上的内容正是你学习中薄弱的部分。细看一遍，确保考场上绝不再犯同样的错误。

复习是一件苦差事，但只要合理安排复习时间，恰当运用复习方法，你就可以信心满满地上考场了。

考前冲刺的那点儿事

考前冲刺做点儿什么才能让自己再多考十分呢？
三个建议送给你。

(1) **保持题感。**

我知道大家考试前刷题刷得肯定都快麻木了，但是一定要咬牙坚持每天做一套题，保持手感，这些热身运动会让你在考场上更加得心应手。

(2) **回归基础。**

临近考试，千万不要再去抠难题了，而是要抓住最能拿分的基础题和中档题。我高三复习的时候压根就不管数学的最后一道难题，最终也考了137分，会做的题不丢分才最重要。

(3) **重点突破。**

虽然距离考试的时间所剩无几，但在每个科目上，你都可以再找一两个最薄弱的地方来重点练习，分数还能涨一涨。三角函数一直是我的弱项，但我在高考前的两个月里刷了几十道这类真题，考试就多拿了20分。所以最后阶段千万别放松，坚持就是胜利。

考试失利
也是“宝”

一次考试没考好真的不算什么，你完全可以把它由一次单纯的打击，变为一个锻炼心理素质、反思上一阶段学习情况的好机会。面对考试失利，你可以这样做：

①分析考试失利的原因。

本着不放过每一道错题、每一个知识点的严谨态度，认真分析自己在那些该得分的地方是出于什么原因而丢了分。

②仔细看自己卷子上的错题分布，总结出每一个科目的“涨分点”。

看看卷面上有哪些问题是自己可以解决的，在下一个阶段的学习中着重练习、各个击破。

③放平心态，胃口要小一点，不能一口吃个胖子。

只要相信，每一次考试都会比上次有所进步，一次一小步，积累起来就是惊人的一大步。

将挫折化为一笔财富，收入囊中，在下一次挑战中便可以为己所用。

【5】

求学之路
莫彷徨

背诵的"保姆级"教程

我作为一个地地道道的文科生，除了数学之外，
其他的科目都考过年级第一。
在这里跟大家分享一个背诵的"保姆级"教程。

第一，千万不要死记硬背。

要在理解意思的基础上再进行记忆，尤其是对于那些第一眼看不懂的文言文和英语课文。

第二，切分整体，逐个击破。

要背的内容如果是很长一大段，让人看着就头疼，就可以根据文意，把文本切分成不同的部分，大约每三句话一组，再逐个击破。

第三，反复朗诵。

很多时候光看是记不住的，出声朗读可以帮助我们更加准确地理解文本信息，快速记忆。

"高端玩家"的错题操作指南

在整理错题本时，我们常常会感觉如果把所有错的题目都抄下来，再把答案完整写一遍，工作量很大，如果错题多的话更是让人不耐烦，很有搬出"鸵鸟战术"一躲了之的冲动。该怎么解决这个问题呢？

我的方法是"抓重点"——在满篇的解题步骤中，抓出自己不会做或者反复错的"卡壳点"和"易错点"，集中兵力，重点打击。

我们可以重新组织语言，只记录这一部分而略去题目的其他部分，也可以完整地记录整个解题过程，之后用红笔标出重点，以便在日后的复习中快速找到题目的要害。

但要注意，错题本的内容应尽量整洁、清晰，具有可读性，否则面对本来就时常做错、令人反感的题目，再配上乱七八糟的笔记，谁有毅力硬着头皮认真复习呢？

错题本的意义十分重大。一来，整理错题本的过程本身就是对易错难题的再梳理，可以强迫自己对于错题不得过且过，而是真正弄懂；二来，错题本是属于我们自己的个性化复习资料，里面都是自己容易错的、不熟悉的解题思路，并且因为有了先前对重点的提炼概括而更加简明扼要。考试之前，**错题本实在是查缺补漏的"备考利器"**。

学习就是在脑海里 "织一张网"

学习中，你是不是也常常遇到这样的情况：

背书的时候感觉自己都掌握了，可一到考试大脑就一片空白，还经常混淆知识点，导致考试一直失分，出了成绩后追悔莫及？

这是因为你把知识点当成课文来背了，只是机械地背诵一些七零八碎的句子和知识点，没有用逻辑把它们联结起来，不仅背起来费劲，而且忘得也快，当然行不通。

如果你能把知识点串联起来，在脑海中"织成"一张紧密的网，让记忆环环相扣、有章可循，就不会轻易忘记了。所以大家在背东西的时候一定要对知识点进行梳理和整合，不仅要背，还要边背边做笔记，或者画思维导图帮助记忆。

如此，考试的时候就不会像大海捞针一样，脑子一片空白了。

如何过目不忘

如果学过的知识总是很快就忘了，那下面这两个方法肯定适合你，对每一科的学习都会有帮助。

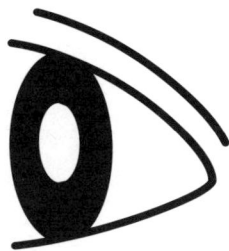

第一个方法，睡前过电影记忆法。

每天睡觉前留出半个小时，不借助任何额外的工具（比如手机、笔记、电脑等），只是闭上眼，靠大脑回忆当天你学过的知识，比如重点公式、解题方法、背过的单词、做错的题目和做错的原因等，让它们像过电影一样在你的脑子里面过一遍。

刚开始的时候你可能会觉得很痛苦，因为知识太多，又很冗杂，回忆起来没有条理，这时候就可以试试按照科目来分门别类地进行回忆。养成习惯之后，你会发现，第二天起来的时候，昨天学过的知识还牢牢地印在脑子里，慢慢地就会形成自己的知识体系。

第二个方法，分层次记忆法。

如果要背的知识很长又很晦涩，那建议你把要背的这一段话分成几个层次。在每个层次里找几个关键词，先把这些关键词记住，并作为串联整段文字的线索去背。

在开始背诵之前，先大声朗读几遍。开始时可以读得慢一点，让目光能看到整行的内容，这样会帮助文字形成逻辑记在大脑里。同时手、眼、心、脑并用，边读、边背、边写、边想，把身体的全部感官都调动起来，背书就会特别快。

这个世界上没有笨孩子，只有还没有找到方法的孩子。掌握了这个方法，你也可以做到过目不忘。

画出来的思维

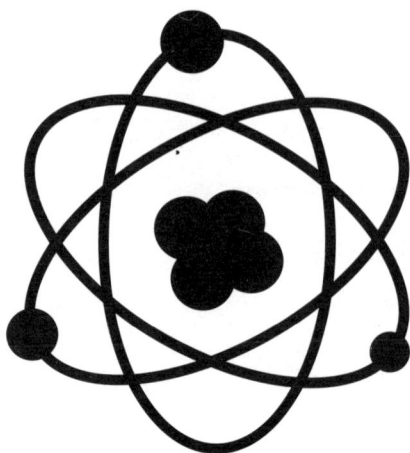

　　思维导图就是用图表的形式把知识点进行梳理和整合，听起来高级，其实并没有那么复杂。

　　那我们为什么要做思维导图呢？

　　课本上的文字量很大，逐字背诵很浪费时间，如果你用思维导图把每个单元的内容整理出来，可能就只有一张A4纸大小。要背的东西变少了，当然会记得更牢。

　　思维导图有很多，其中表示上下关系的树状图、表示流程的线状图和表示整体与部分的环抱图都是很常见的。我最常用的是环抱图，用它来整理地理和政治的知识点最适合不过，历史适合把线状图和树状图结合起来做成时间轴。

　　其实用哪种思维导图都不要紧，你甚至可以发明一种自己用得惯的，重要的是你要用流畅的思路，把原本杂乱零落的知识点整理出脉络，让它们在脑海里变得有条理，帮助记忆。

五个字母让你完成逆袭

新学期开始如何制定学习目标实现逆袭呢？你可以参考"SMART"原则：

"S"代表 specific——目标要具体。

比如"我要提高数学成绩"这个目标就不够具体，但"我要把数学卷子上计算题的错误减少到5分以内"就非常具体了。目标具体才好实现，做的时候也会更有动力。

"M"代表 measurable——目标要可衡量。

还是同样的例子，"我要提高数学成绩"是一个没办法衡量的目标，但如果把目标定成"下次考试，我要把数学提高10分"就是可以衡量的了。设定可衡量的目标才能对结果加以检验，目标不合理时也能及时调整。

"A"代表 attainable——目标一定是可以实现的。

比如你现在的数学成绩大概40多分，如果把目标设置成下次考试达到90分，就是一个不太实际的目标，但努力一段时间考个及格还是可以一试的。目标不能设定得太高，好高骛远者往往空怀奇想，落空而归。

"R"代表 relevant——目标要与提高成绩切实相关。

如果你目前最想提高的是数学成绩，但却让自己每天坚持读一个小时的英文原版小说，就和你的目标不相关了。

"T"代表 time-bound——给目标设置一个时限。

以每个月或者期中、期末为单位去设定目标都是不错的选择，做事给自己一个最后期限，别让拖延症毁掉了你。

SMART